La FUERZA ESPIRITUAL *de la* CONFESIÓN

CHARLES CAPPS

PENIEL

Buenos Aires - Miami - San José - Santiago

www.peniel.com

La fuerza espiritual de la confesión
Charles Capps

2a edición

Editorial Peniel
Boedo 25
Buenos Aires, C1206AAA, Argentina
Tel. 54-11 4981-6178 / 6034
e-mail: info@peniel.com
www.peniel.com

ISBN 978-987-9038-53-6

Publicado originalmente en inglés con el título:
The Tongue, a Creative Force
by Harrison House, Inc. / Tulsa, Oklahoma.
Copyright © 1995, 1976 by Charles Capps.
All rights reserved.

Las citas bíblicas fueron tomadas de la Santa Biblia, versión Reina-Valera 1960, a menos que se indique lo contrario. © Sociedades Bíblicas Unidas.

Diseño de portada e interior: Arte Peniel • arte@peniel.com

Impreso en los talleres gráficos Del Reino Impresores S.R.L.
Cerrito 1169, Bernal Oeste, Buenos Aires, Argentina
Enero de 2017
Tirada: 1.000 ejemplares

Capps, Charles
La fuerza espiritual de la confesión. - 2a ed. - Buenos Aires : Peniel, 2017.
    128 p. ; 14x21 cm.
    Traducción al español.
    ISBN: 978-987-9038-53-6

ÍNDICE

"Si alguno se cree religioso entre vosotros, y no refrena su lengua, sino que engaña su corazón, la religión del tal es vana".

(Santiago 1:26)

"Así también la lengua es un miembro pequeño, pero se jacta de grandes cosas. He aquí, ¡cuán grande bosque enciende un pequeño fuego! Y la lengua es un fuego, un mundo de maldad. La lengua está puesta entre nuestros miembros, y contamina todo el cuerpo, e inflama la rueda de la creación, y ella misma es inflamada por el infierno (...) pero ningún hombre puede domar la lengua, que es un mal que no puede ser refrenado, llena de veneno mortal".

(Santiago 3:5-6,8)

capítulo 1

Las palabras

La Palabra de Dios concebida en su corazón, que después pronuncia su lengua, y que sale de su propia boca, se convierte en una fuerza espiritual que hace actuar el poder de Dios que hay dentro de usted.

Por esa razón Pablo dijo: *"Todo lo puedo en Cristo que me fortalece"* (Filipenses 4:13). Su corazón (espíritu) había recibido la Palabra de Dios. No era el poder de Pablo lo que lo hizo decir eso, sino el poder de Dios formado en él por la Palabra, y de la abundancia de su corazón habló su boca.

Quienes dicen que pueden y quienes dicen que no pueden están en lo cierto. Las palabras son la cosa más poderosa del universo; leemos lo siguiente en Juan 1:1: *"En el principio era el Verbo, y el Verbo era con Dios, y el Verbo era Dios"*. Debemos aprender a usar nuestras palabras más efectivamente, las palabras que usted habla lo liberan o lo esclavizan. Hay muchos cristianos que han sido atados por sus propias palabras, por las palabras de sus propias bocas han caído en una situación donde no pueden recibir a Dios. Todos nosotros hemos incurrido en lo mismo en algún momento de nuestra vida. Hemos usado nuestra lengua para pronunciar aquellas palabras que nos han derrotado.

Hemos incluso orado en forma opuesta a la Palabra de Dios. Hemos orado fracaso y lo hemos recibido. Hemos orado el problema y este ha aumentado. Aun la oración produce según su especie. En Marcos 11:24 dice: *"Todo lo que pidiereis orando, creed que lo recibiréis, y os vendrá"*. Así Jesús enunció una importante verdad relacionada con la ley espiritual. La Palabra de Dios es ley espiritual. Funciona tan seguramente como cualquier ley natural.

Hemos aprendido a trabajar con la ley natural. Al tratar con la ley natural que gobierna la electricidad, hemos aprendido que si trabajamos con esa ley, obedeciéndola y encauzándola, la energía eléctrica nos será útil. Pero si la violamos continuamente, acumularemos problemas. En tanto que encausemos la ley que controla la energía eléctrica, esta producirá energía para darnos luz, calefacción, cocinara nuestros alimentos, lavara nuestros vestidos y no nos producirá ningún daño. Es muy útil y segura cuando entendemos y aplicamos la ley que la controla. Sin embargo, esta misma energía puede quemar, matar y destruir si no se obedece la ley que la rige.

Así son las palabras que salen de su boca. Lo sacarán hacia adelante en la vida, si las controla y las lleva a la obediencia de la ley espiritual, la cual es la Palabra de Dios. Las palabras gobernadas por la ley espiritual se convierten en fuerzas espirituales que funcionan a su favor. Las palabras ociosas funcionan contra usted.

El mundo espiritual es controlado por la Palabra de Dios. El mundo natural ha de ser controlado por el hombre que hable las Palabras de Dios.

La palabra hablada de Dios es poder creador.

Por tanto aun las palabras de nuestras oraciones deben escogerse cuidadosamente y hablarse con exactitud. A menudo hemos orado: "Señor, he orado y no pasa nada. El diablo me ha derrotado". Pero la Palabra dice: *"Todo lo que pidiereis orando, creed que lo recibiréis ... "*. La derrota no es lo que usted pide, así que no la incluya en su oración, ni la diga. Si escoge equivocadamente las palabras puede incluso hacer que sus oraciones funcionen contra usted. Por ejemplo, si ora: "Señor, tengo este problema, y esta empeorando".

Ahora comparemos esta oración con la Palabra de Dios.

Primero, aquí se ora el problema, y no la respuesta. La Palabra dice que ore por las cosas que necesite. Lo necesario es la respuesta.

Segundo, se expresa fe en el enemigo, lo que es peor; se consideran las palabras del diablo: que la oración no va a servir, y que las cosas van a empeorar. Si usted anda por vista y no por fe niega la Palabra de Dios. Si lo hace, es por falta de conocimiento. En Oseas 4:6 dice. *"Mi pueblo fue destruido* (cortado) *porque le faltó conocimiento"*. La falta de conocimiento ha destruido a muchos y ha causado que muchas vidas sufrieran pérdidas innecesarias.

Hace algunos años llegué al sitio de un accidente. Un automovilista había perdido el control de su vehículo y se había estrellado contra un poste del servicio eléctrico. El cable de alto voltaje pendía cerca del pavimento. Muchas personas habían estacionado y salido de sus vehículos. Se acercaron al cable de alto voltaje pensando que estaba aislado, o que el fluido eléctrico estaba suspendido. Pero no era así, el cable estaba cargado con mas de 17.000 voltios. A una distancia segura, observé desde mi auto cómo los asistentes de una ambulancia llevaban a una mujer en una camilla. Cuando avanzaban bajo los cables, uno de ellos se acercó demasiado y la corriente se descargó en su cuerpo como un relámpago. Murió instantáneamente. El otro sufrió lesiones críticas.

Violó la ley natural que gobierna la electricidad. Sin duda, lo hizo sin saberlo, pero fue fatal.

La falta de conocimiento no suspendió el fluido eléctrico. Este continuó funcionando. Era la misma energía que cocinaba sus

LA FUERZA ESPIRITUAL DE LA CONFESIÓN

alimentos, calentaba su casa y lavaba sus ropas. Fue creada para que le sirviera y para hacer su vida más fácil. El verdadero propósito de su existencia era satisfacer sus necesidades, pero cuando violó la ley que controlaba esa fuerza, esta lo destruyó a él.

La ley espiritual es para su bienestar. Es para producir las cosas que usted necesita y desea. Pero hablar y orar en forma contraria a la Palabra de Dios (ley espiritual) será tan desastroso como violar la ley de la electricidad. Hemos orado en todas las formas de oración lo que la Biblia nos enseña. Hemos orado a Jesús, y esa es una manera no escritural de orar. Las palabras son importantes. Comience ya a ser consciente de las palabras. Las palabras son como semillas que producen según su especie. Aprenda a orar de acuerdo con la Palabra de Dios. La Palabra de Dios producirá según su especie. *"El hombre bueno, del buen tesoro de su corazón saca cosas buenas; y el hombre malo, del mal tesoro saca males cosas"* (Mateo 12:13).

Jesús dijo: *"En aquel día no me preguntareis nada. De cierto, de cierto os digo, que todo cuanto pidiereis al Padre en mi nombre, os lo daré. Hasta ahora nada habéis pedido en mi nombre; pedid y recibiréis, para que vuestro gozo sea cumplido"* (Juan 16:23-24).

La oración es su derecho para decir palabras llenas de fe que traigan a Dios hasta su necesidad o, en otras palabras, la oración es la posibilidad del cumplimiento de su gozo.

Es la palabra que more en usted lo que hará que la fe esté presente en sus palabras. *"Si permanecéis en mi, y mis palabras permanecen en vosotros, pedid todo lo que queréis y os será hecho. En esto es glorificado mi Padre, en que llevéis mucho fruto, y seáis así mis discípulos"* (Juan 15:7-8). Note que el Padre se glorifica cuando sus oraciones son contestadas y cuando sus necesidades son satisfechas. El versículo 11 dice: *"Estas cosas os he hablado, para que mi gozo esté en vosotros, y vuestro gozo sea cumplido"*. Su gozo puede cumplirse si la palabra de Marcos 11:24 permanece en usted: cuando ore, crea.

La fe hace que la oración sirva. La oración no sirve sin fe. La fe no sirve sin oración. La oración es uno de los medios para darle salida a la fe, de modo que, si cuando oramos nos situamos junto a la Palabra de Dios, y abrimos la puerta a nuestra fe, veremos surgir el poder de Dios en nuestras vidas.

La Palabra de Dios es hoy tan poderosa como lo fue el día cuando Él la habló. La Palabra de Dios no ha perdido nada de su poder. El poder creador de Dios todavía esta en su palabra, así como cuando Él estuvo ahí, en el comienzo de los tiempos cuando dijo: *"Hágase la luz"*, y la luz fue hecha.

Deseo hacer énfasis en que usted puede hablar las Palabras de Dios, en su nombre, y ellas le servirán. Pero debe formarlas en su espíritu, deben llegar a ser parte suya. Deben permanecer en usted continuamente.

Las Primeras Palabras

Dice Génesis 1: " *... Dios creó los cielos y la tierra ...* " ¿Qué utilizó para crear los cielos y la Tierra?

Hebreos 11:3 dice: *"Por la fe entendemos haber sido constituido el universo por la Palabra de Dios, de modo que lo que se ve fue hecho de lo que no se veía"*. El mundo no fue hecho de cosas visibles. Con el ojo físico usted no puede ver las palabras habladas ni tampoco la fe. Las Palabras que Dios habló formaron el universo, lo pusieron en movimiento; y el universo todavía permanece en obediencia a las Palabras que Dios habló. Él dijo: " *... Haya expansión en medio de las aguas, y separe las aguas de las aguas"* (Génesis 1:6). Así aconteció, y se apartaron las aguas de la Tierra, y apartadas están el día de hoy.

El universo todavía está obedeciendo el mandato de Dios, las Palabras que Dios habló, puesto que Dios ordenó e hizo que quedara vigente. Dios ni se retractó, ni dijo quizá ni ojalá. Dios creó por las Palabras de su boca y el infierno se dio cuenta.

Realmente, creo que transcurrieron millones de años entre Génesis capitulo 1:1, cuando Dios creo la Tierra, y el versículo

2, el cual dice que la Tierra estaba desordenada y vacía. ¿Por qué razón crearía Dios una Tierra vacía y sin forma? Lo que andaba mal desde el comienzo era que Satanás había entrado a destruir la obra de Dios sobre la Tierra, y ahora había oscuridad sobre la faz de la Tierra. Por eso dijo Dios *"Hágase la luz"*. Fue el poder creador surgido de la boca de Dios lo que trajo luz al universo e hizo que cada criatura fuese.

En Génesis 1:26 leemos: *"Entonces dijo Dios: Hagamos al hombre a nuestra imagen, conforme a nuestra semejanza; y señoree en los peces del mar, en las aves de los cielos, en las bestias, en toda la tierra, y en todo animal que se arrastra sobre la tierra"*. Después Dios delegó al hombre el poder de dominar esta Tierra. Creó a Adán, puso esa autoridad en él y le dijo: *"Ahora domina la tierra"*.

De esta manera, Adán fue la autoridad sobre la Tierra. Entonces apareció la serpiente en el jardín. La serpiente dijo a Eva: *"De cierto no morirás, si comes este fruto. Dios sabe que serás como él, si comes, serán sabios como Dios"*.

Eva comió del fruto prohibido, y yo supongo que le hablo a Adán de eso, porque la Palabra dice: *"Y Adán no fue engañado, sino que la mujer, siendo engañada, incurrió en transgresión"* (1 Timoteo 2:14).

Adán comió del fruto y cedió la autoridad al enemigo. Entonces Satanás se constituyo dios de este mundo. *"En los cuales el dios de este siglo cegó el entendimiento de los incrédulos, para que no les resplandezca la luz del evangelio de la gloria de Cristo, el cual es la imagen de Dios"* (2 Corintios 4:4).

Pero Jesucristo vino y nos restituyó ese poder. Jesús, la Palabra de Dios, se hizo carne.

Se ha preguntado usted ¿cómo Dios hizo eso?

Algunos teólogos dicen que no puede ser, que es imposible que una virgen dé a luz.

Tenemos la Palabra de Dios que dice en Lucas 1:37: *"Por que nada hay imposible para Dios"*. También puede traducirse así: No será imposible para Dios cumplir su Palabra.

Dios hará todo lo que dice. A través de la Biblia puede verse que Dios nunca hizo nada sin anunciarlo. Anunció, después hizo. El poder de hacer estaba en su Palabra.

La Biblia nos dice: "[Él está] *Sustentando todas las cosas con la Palabra de su poder*" (Hebreos 1:3).

No habló por el poder de su palabra, sino por la palabra de su poder. El Espíritu Santo inspiró la exactitud de la expresión "la palabra de su poder".

Si hubiera dicho el poder de su palabra, hubiera significado que hay algún poder en la Palabra de Dios, pero no todo poder. Dicho de otra forma, es ahí donde está su poder: en la Palabra, en lo que Dios dice.

Para Dios no es imposible llevar a cabo todo lo que dice. Él puede decir y hacer exactamente lo que dice que va a hacer, y nos damos cuenta que Dios creó al hombre con la capacidad de hacer funcionar la misma clase de fe.

Controle las palabras que salen de su boca y llévelas a la obediencia de la Palabra de Dios, la cual es la ley espiritual de Dios.

capítulo 2

Poder creador en usted

El hombre fue creado a imagen de Dios, y a su semejanza. Salió poder creador de la boca divina cuando usted fue creado a imagen de Dios. Después, de acuerdo con las Escrituras y con lo que Jesús dijo, el mismo poder creador habita en usted.

Adán cedió la autoridad del hombre a Satanás. Jesús recupero esa autoridad. Nació de una virgen.

La manera en que Jesús nació de una virgen es la misma en que Dios creó el universo. Dios dijo que lo haría, y no es imposible para Dios realizar todo lo que ha prometido hacer.

Cuando encontró una mujer que estuviera de acuerdo con Él, se pudo cumplir la Palabra: *"Entonces María dijo al ángel: ¿Cómo será esto? Pues no conozco varón"* (Lucas 1:34).

María no dudó que pudiera ser; tan solo pregunto "¿Cómo?" Y el ángel dijo: *"... El Espíritu Santo vendrá sobre ti, y el poder del Altísimo te cubrirá con su sombra..."* (Lucas 1:35).

En el versículo 38 María dijo: *" ... hágase conmigo conforme a tu palabra ..."*.

Ella convino con la Palabra, al establecer ese hecho sobre la Tierra, y este se cumplió.

¿Acaso es irrazonable creer eso?

Dios dice en su palabra que somos "*... renacidos no de simiente corruptible, sino de incorruptible, por la Palabra de Dios que vive y permanece para siempre*" (1 Pedro 1:23). La Palabra de Dios implantada en su espíritu hizo que usted llegara a ser una persona nacida de nuevo del Espíritu del Dios viviente.

El renacer del espíritu humano tuvo lugar debido a la Palabra de Dios depositada en su espíritu. Esto hizo que usted actuara sobre la palabra, y así nació de nuevo. Usted fue hecho nueva criatura. Una vez fue pecador, en cambio ahora es nacido de nuevo, justicia de Dios, plenamente habilitado para estar en la presencia del Padre en Santa audacia, y decir: "Padre, vengo a ti en el nombre de tu hijo Jesús, sin temor a condenación, porque soy justicia de Dios en Cristo". No ya un pobre pecador arrastrándose culpablemente y rogando: "Ay, Dios, ayúdame por favor", como dicen algunos cantos. No, ¡nosotros somos la justicia de Dios; coherederos con Jesucristo!

Esa palabra, plantada en su espíritu, hizo de usted una nueva criatura, así lo declara la Palabra.

La Palabra hecha carne

Ahora quiero que vea cómo Dios hizo que una virgen concibiera y diera a luz un niño. La virgen dijo: "*Hágase en mí conforme a tu palabra*".

La Biblia dice: "*Y aquel Verbo fue hecho carne, y habitó entre nosotros...*" (Juan 1:14). La Palabra estaba en el principio con Dios. La Palabra llegó a María y le dijo: "*Se cumplirá*".

María dijo: Yo recibo la palabra. "*Hágase en mí conforme a tu palabra*". Ella primero recibió la Palabra en su espíritu (corazón) y después esta se manifestó en su cuerpo físico. La Palabra de Dios fue implantada en su vientre; fue el embrión, la semilla, y se encarnó, así como la palabra viva de Dios depositada en su espíritu trajo nueva creación-viva. La palabra de Dios se formó en su vientre literalmente y se encarnó. La Palabra de Dios vivió, caminó, habló sobre esta Tierra. Vino aquí a destruir la obra que el diablo hizo en Adán.

La obra que había sido hecha en Adán era la destrucción de la creación de Dios y de la capacidad de Dios para obrar a través del hombre. Jesús vino a recuperar esta capacidad; lo hizo, y la delegó otra vez al hombre, al creyente.

Jesús, antes de su ascensión, dijo: "... *Toda potestad me es dada en el cielo y en la tierra*" (Mateo 28:18). Jesús tenía toda autoridad. Después se dirigió a los creyentes y les dijo: "... *Y estas señales seguirán a los que creen: En mi nombre echaran fuera demonios; hablaran nuevas lenguas (...) sobre los enfermos pondrán sus manos y sanarán*" (Marcos 16:17-18).

Jesús está diciendo: "Ahora ustedes van en mi Nombre. Ustedes echan fuera demonios. Ustedes hablan nuevas lenguas. Ustedes ponen manos sobre los enfermos y ellos sanan".

Ahora usted puede ver el poder de Dios, la autoridad de Dios delegada otra vez al hombre. De esta manera, el hombre no solo está restaurado a su estado original, ¡está en mejores condiciones que nunca! ¡Gracias a Dios! La persona nacida de nuevo es coheredera con Jesús. ¡Alabado sea el nombre del Señor! Si Jesús es la justicia de Dios, entonces usted es la justicia de Dios en Cristo.

Necesitamos dejar de decir: "Señor, soy indigno".

Gracias a Dios, si Jesús no es indigno, usted tampoco. Usted tiene el derecho de presentarse ante el trono de Dios.

Hemos sido derribados, y el diablo nos ha pisoteado por ese sentimiento de indignidad. Debo decirle que cuando esta palabra llegue a su espíritu, nunca será el mismo. Agarre la Palabra, levántese, y entre en la presencia de Dios.

El enemigo sabe que hay poder en sus palabras. Es por eso que trata tan desesperadamente de hacerlo confesar duda, temor e incredulidad. Confesar que usted es indigno, después de nacer de nuevo, es contrario a la Palabra.

Usted fue indigno, pero ese hombre viejo murió con Cristo. Ahora es una nueva criatura en Cristo. Si alguno está en Cristo no puede ser indigno. La Palabra dice: *"De modo que si alguno está en Cristo, nueva criatura es; las cosas viejas pasaron; he aquí todas son hechas nuevas. Y todo esto proviene de Dios, quien nos reconcilio consigo mismo por Cristo, y nos dio el ministerio de la reconciliación; que Dios estaba en Cristo reconciliando consigo al mundo, no tomándoles en cuenta a los hombres sus pecados, y nos encargó a nosotros la palabra de la reconciliación. Así que, somos embajadores en nombre de Cristo, como si Dios rogase por medio de nosotros; os rogamos en nombre de Cristo: Reconciliaos con Dios. Al que no conoció pecado, por nosotros lo hizo pecado, para que nosotros fuésemos hechos justicia de Dios en él"* (2 Corintios 5:17-21).

Palabras llenas de fe

Veamos lo que Jesús tuvo que decir sobre las palabras llenas de fe. Quiero que vea cómo Él utilizó sus palabras y cómo ellas le sirvieron. En Marcos, capitulo 11, versículos 11-14, leemos: *"Y entró Jesús en Jerusalén, y en el templo; y habiendo mirado alrededor todas las cosas, como ya anochecía, se fue a Betania con los doce. Al día siguiente, cuando salieron de Betania, tuvo hambre. Y viendo de lejos una higuera que tenía hojas, fue a ver si tal vez hallaba en ella algo; pero cuando llegó a ella, nada halló sino hojas, pues no era tiempo de higos. Entonces Jesús dijo a la higuera: Nunca jamás coma nadie fruto de ti. Y lo oyeron sus discípulos".*

Jesús había ido a la higuera a recoger algunos higos y no encontró ninguno. Y dijo: *"Nunca jamás coma nadie fruto de ti".* Y se fue. Cuando ellos regresaron por el mismo camino al día siguiente, dice el versículo 21 que los discípulos llamaron la atención de Jesús hacia la higuera. Dijeron: (parafraseare) "Las hojas están marchitas; la planta murió desde las raíces, ¿te diste cuenta, Jesús? Es el mismo árbol que maldijiste".

Siempre me he preguntado por qué Jesús maldijo la higuera. Ahora entiendo que la palabra *"maldecir"* quiere decir hablar negativamente. Note que en la Biblia Jesús lanzó una maldición sobre la higuera.

Nosotros, como creyentes, hemos lanzado maldiciones sobre personas, por las palabras de nuestra boca. He oído gente haciéndolo. Algunos han llegado a ser salvos en los servicios de la Iglesia.

Estas personas dicen: "Ah, los conozco. Se salvan cada vez que hay avivamiento. Tan solo observe; se van, y en tres semanas de cierto regresan en pecado".

Y de cierto regresan en pecado. Pensaron que hablaban proféticamente, pero no fue así, maldijeron.

Y dicen: "¿Lo ves? Te lo dije".

Fueron parte del problema. Las palabras de sus bocas funcionaron contra esa persona. En vez de decir palabras llenas de fe, como: "El poder de Dios es suficiente para guardarlos; el poder de Dios es suficiente para sostenerlos, el poder de Dios los librarán y no caerán; creo que permanecerán".

Han sido engañados por el malo para hacer que, por las palabras de sus bocas, dañaran lo que Dios estaba tratando de construir.

La fe de buena calidad

Note que Jesús sabía que había poder en sus palabras. Cuando habló a la higuera, esta se secó y murió. En el versículo 22 dice: *"Tened fe en Dios"*. En otras palabras, "tenga fe en Dios". Después, en el versículo 23, Jesús explica a sus discípulos cómo funciona la fe en Dios.

Usted y yo necesitamos saber cómo funciona. Si usted tiene fe en su corazón, es esta la fe de buena calidad; la de Dios. La Biblia dice en Romanos 12:13: *"... Conforme a la medida de fe que Dios repartió a cada uno"*. Y es esta la fe de buena calidad.

No dice "una medida" sino "la medida". Es la misma medida que cada uno recibió al nacer de nuevo. El problema es que algunos no la han desarrollado.

La Palabra le dice cómo desarrollar su fe. *"La fe es por el oír y el oír por la Palabra de Dios"* (Romanos 10:17). El griego literal dice: "La fe viene al recibir información; la información de Dios". Escuchar lo que Dios dice edificará la fe dentro de usted, porque Él puede cumplir todo lo que promete.

Jesús le dice cómo aplicar la fe de Dios, la de buena calidad, y hacer que funcione.

Quizá usted ha tratado de hacerlo de muchas maneras: bombardeando las puertas del cielo con oraciones una y otra vez, y se ha dado cuenta de que de nada ha servido.

Veamos algo útil, y tomémoslo como base para actuar. He aquí lo que Jesús dijo: *"Porque de cierto os digo que cualquiera que dijere a este monte: Quítate y échate en el mar, y no dudare en su corazón, sino que creyera que será hecho lo que dice, lo que diga le será hecho"* (Marcos 11:23).

Jesús no habló únicamente de dirigirse a la montaña. Expresó: "Si creyera que será hecho lo que dice"; todo lo que usted diga. Debe cuidar lo que dice. Debe creer que lo que dice, cualquier cosa que diga sucederá.

Eso activará la fe de calidad de Dios en usted, y aquello que diga, sucederá. Lo que diga le será hecho.

La Biblia dice: *"Mantengamos firme, sin fluctuar, la profesión* (confesión) *de nuestra esperanza.."* (Hebreos 10:23).

No dice: "Mantengamos firme la oración". Cuando usted hace eso, se está manteniendo firme en su problema, puesto que la mayor parte del tiempo la oración gira sobre el problema.

Suelte el problema y agárrese de su confesión. Deje de orar el problema y comience a decir la respuesta. *"Porque de cierto les digo, que cualquiera que dijere a este monte, quítate y échate en el mar ..."*.

Cuando usted ora y dice: "Señor, la montaña está creciendo, las cosas no mejoran. He orado y de nada ha servido", se está manteniendo firme en el problema. Así no consigue la respuesta. No la logra. Está siendo parte del problema.

La respuesta es la confesión. La respuesta es creer y confesar lo que la Palabra dice: que el problema será quitado, la montaña se echara al mar.

Debemos afirmar continuamente y confesar: gracias, Dios, aunque parece que la montaña crece, en el Nombre de Jesús, la veo quitarse con los ojos de la fe. Con los ojos de la fe la veo quitarse.

Hay poder creador dentro de usted. Aprenda a usarlo sabiamente.

capítulo 3

Sentido cristiano

Cuando usted continuamente afirma y confiesa: "Te agradezco Dios, porque aunque parezca que la montaña (el problema) está creciendo, no lo está. En el nombre de Jesús, la veo quitada con los ojos de la fe".

Alguien dirá: "Solo un tonto dice eso". Si la montaña todavía está ahí, si el problema todavía está ahí, y usted sabe que está ahí, no puede negar su existencia.

A veces cuando comienzo a enseñar sobre esto, algunos dicen que suena como si fuera lenguaje de la secta llamada "ciencia cristiana". En un servicio, una dama le dio un codazo a su esposo diciéndole (mi esposa alcanzó a escucharla): "Eso suena como ciencia cristiana".

No se trata de Ciencia Cristiana. Me gusta cuando el hermano Kenneth Hagin dice: "Se trata de sentido cristiano".

No niego la existencia de la montaña. Niego a la montaña el derecho de obstruir mi camino. No la veo existir en mi camino. La veo como la Palabra dice: quitada.

La Palabra dice: *"El justo por la fe vivirá"* (Hebreos 10:38). Y no por vista. *"Porque por fe andamos, no por vista"* (2 Corintios 5:7). Pero muchos cristianos están andando por vista, y no por fe.

Imagine a un conductor manejando en una autopista a 90 km por hora. Alguien, en otro auto, va a cruzar unas tres cuadras adelante. El conductor del primer auto en mención frena bruscamente y dice: "¡Hay un vehículo en el cruce!" Desde atrás, otro automóvil lo golpea, y de repente ocasiona una colisión múltiple hacia atrás.

Alguien pregunta: "¿Qué le pasó?"

El conductor responde: "Fue que apareció un auto en la calle".

Pues es cierto, pero iba a 45 km por hora; dos segundos más y hubiera cruzado.

El conductor dependió totalmente de lo que vio. Vio lo que estaba ahí y se precipitó sobre los frenos.

Lo mismo hacen muchos cristianos. "Ay, ¡todavía esta ahí, todavía esta ahí!". Así hacen que el problema permanezca. Pero si lo confesaran quitado, alabado sea Dios, cuando lleguen, habrá pasado.

Si usted maneja su vida espiritual como aquel conductor, los resultados también serán accidentados.

No le preste atención al auto que está a tres cuadras adelante en la calle, si su cerebro le está diciendo: "Va a 45 km por hora. En dos segundos cruzará, no hay peligro. Voy a seguir andando". Conservará la calma, verá pasar el otro vehículo, no se atemorizará, no se lanzará bruscamente a los frenos; seguirá y llegará sin problemas.

¿Por que?

Porque tiene fe en lo que el conductor está haciendo. En realidad, está creyendo algo que no está viendo. Está creyendo los resultados finales. Manejar ese automóvil exitosamente está basado en fracciones de segundos.

Sin embargo, el otro chofer podría frenar en la mitad de la calle. ¡Entonces usted querría saber qué le pasó!

Aplique el mismo principio cuando las tormentas de la vida le sobrevengan y el diablo le diga: "Mírame, nunca serás capaz de superar esto". Ignórelo y diga: "Gracias, Dios, creo en tu Palabra. Cuando llegue, no estará ahí".

Esa clase de fe mueve montañas. Usted puede llegar al pie de la montaña, a veces antes de que sea quitada. ¡Se moverá o caerá en un hueco!

Pero si usted se va dudando y dice: "Creo que está disminuyendo, no creo que se vaya a ir", está en aprietos.

Jesús dijo: "Dígale a la montaña que se quite y se eche al mar".

Diga lo que quiere que suceda.

No vaya a Dios a decirle: "Amado Dios, ¡la situación esta empeorando!"

Él dijo que usted puede tener lo que diga, pero usted dijo: la situación está empeorando. Eso debe decirle algo.

Jesús dijo que la fe de buena calidad, la de Dios, obra por las palabras de su boca. No hay obra de este tipo de fe sin las palabras de su boca. Esta fe actúa por las palabras.

En Lucas 17: 5-6, los discípulos vinieron a Jesús y le dijeron: *"Señor, aumenta nuestra fe"* (danos más fe), *"Entonces el Señor dijo: Si tuvierais fe como un grano de mostaza, podríais decir a este sicómoro: Desarráigate, y plántate en el mar; y os obedecería"* ¡Ellos estaban al pie del árbol! Probablemente este no estaba cerca de una montaña. Jesús dijo que el árbol le obedecería a usted. No dijo una palabra sobre aumentar la fe. En otras palabras, dijo que hay que aprender a usar lo que ya se tiene. Dijo que el modo de hacerlo es comenzar a decir en fe algunas cosas.

Plante la semilla

Muchas personas han deseado sanidad. Quieren una cosecha de sanidades y de satisfacción de necesidades físicas. Pero nunca han sembrado una semilla.

La ley de génesis dice que todo produce según su especie.

Yo puedo ser el mejor cultivador de arroz de mi región. Podría sentarme en mi casa y decir: "Alabado sea Dios, creo en el arroz. Mi abuelo creyó en el arroz. Mi padre creyó en el arroz. Mi hermano cree en el arroz". Yo podría tener diez toneladas de semilla en un camión esperando ser sembradas, pero si únicamente me siento y alabo a Dios porque creo en el arroz, y nunca actúo con base en lo que conozco: sembrar la semilla, jamás cosecharé ni un grano.

Muchos cristianos hacen eso. Dicen: "Creo que Dios puede. Sí, hermano, creo que Él puede sanarme".

Pues bien, el diablo sabe que el Señor puede. Eso no es una afirmación profunda.

Lo que usted debe determinar es: ¿lo haré? La Palabra dice que Dios lo hará. Entonces usted debe comenzar a estar de acuerdo con esa afirmación.

La Palabra es lo que obra. No es la oración, es la fe y la Palabra. La oración no hace que la fe obre.

Hemos pensado que si oramos en forma prolongada, pronto sucederá algo. No es así. Necesitamos corregir ese pensamiento. La fe hace que la oración sirva, pero la oración no hace que la fe funcione. Sin fe, la oración no sirve.

Hemos precisado desde la Palabra de Dios, que usted puede tener lo que diga. Muchas personas no tienen nada porque nunca han controlado sus palabras. Jesús lo dijo, no yo. Tan solo repito lo que Él dijo.

Soy lo suficientemente inteligente para creer que Jesús sabía de que estaba hablando. Jesús declaró una profunda verdad: Usted puede tener lo que diga.

Por medio del conocimiento de Dios

Leamos 2 Pedro, capitulo 1, comenzando en el versículo 2: *"Gracia y paz os sean multiplicadas, en el conocimiento de Dios y de nuestro Señor Jesús"*.

¿Cómo van a ser la gracia y la paz multiplicadas en usted?
Por medio del conocimiento de Dios y de nuestro Señor Jesús.
¿Qué sería algo del conocimiento de Dios?
La manera en que actúa su fe.
¿Cómo actúa la fe que viene de Dios?

Si usted aprende cómo actúa la fe de Jesús, sabrá cómo debe funcionar la suya. Dios nunca hizo algo sin anunciarlo antes, y difícilmente usted dice: "Voy al centro de la ciudad, voy a trabajar. Voy a hacer esto o aquello", cuando lo está haciendo. Por lo común dice lo que va a hacer antes de hacerlo. Está programado para actuar de esa forma. Así que, si usted no dice algunas cosas en fe concernientes a lo que cree, nunca actuará en fe en esas áreas. La Palabra dice en 2 Corintios 4:13: "*Pero teniendo el mismo espíritu de fe, conforme a lo que está escrito: Creí, por lo cual hablé, nosotros también creemos, por lo cual hablamos*".

2 Pedro 1:3 dice: "*Como todas las cosas que pertenecen a la vida y a la piedad nos han sido dadas por su divino poder, mediante el conocimiento de aquel que nos llamó por su gloria y excelencia ...*" Su divino poder nos ha dado todas las cosas. Todas las cosas ¿cómo? A través del conocimiento de Dios.

Pedro dice que si usted logra el conocimiento de Dios tendrá el entendimiento de Dios, la sabiduría de Dios, y *la sabiduría de Dios es la Palabra de Dios.*

Por su divino poder le ha dado a usted todas las cosas que pertenecen a la vida y a la piedad. ¿Si la sanidad no pertenece a la vida, a qué pertenece?

Los recursos económicos también pertenecen a la vida.

Pablo dijo: "*Mi Dios, pues, suplirá todo lo que os falta conforme a sus riquezas en gloria en Cristo Jesús*" (Filipenses 4:19).

Teniendo abundantes recursos para la vida y la piedad, usted debería tener abundancia, en el nombre de Jesús. La Palabra dice que usted puede, si actúa sobre la Palabra de fe, si comienza a hacerlo.

No sucederá de la noche a la mañana. Esto es algo que quiero dejar bien claro en este libro. No sucederá de la noche a la mañana. No bastará decirlo una o dos veces.

Va a suceder porque usted continuamente afirme lo que la Palabra de Dios dice, hasta que la Palabra llegue a su espíritu y haga parte de usted.

Santiago 1:21 dice: " *...recibid con mansedumbre la palabra implantada, la cual puede salvar vuestras almas*". La Palabra de Dios implantada en su espíritu lo librará de las circunstancias malas de la vida.

Si usted tiene la Palabra necesaria, implántela en su espíritu, ¡ella lo librara!, si continuamente la cree y la afirma. No importa cuán grande la montaña parezca, usted no debe moverse por lo que ve. Debe estar motivado por lo que cree, y la Palabra de Dios es la autoridad final.

Participantes de la divina naturaleza de Dios

En 2 Pedro 1:4 dice: "*Por medio de las cuales* (por el divino poder de Dios) *nos ha dado preciosas y grandísimas promesas, para que por ellas llegaseis a ser participantes de la naturaleza divina ...* ".

¿Cuál naturaleza?

La naturaleza divina. Usted es participante de la naturaleza de Dios. ¡Alabado sea el Señor! La escritura dice que somos participantes de la naturaleza de Dios.

¿Que clase de naturaleza tiene Dios?

Justicia. Dios no tiene una naturaleza indigna, es justicia. Y usted es participante de la justicia de Dios.

"*Al que no conoció pecado, por nosotros lo hizo pecado, para que nosotros fuésemos hechos justicia de Dios en él*" (2 Corintios 5:21).

Al nacer de nuevo, la naturaleza misma de Dios debe dominar su espíritu.

Eso no quiere decir que automáticamente domine su cuerpo. En este punto muchas personas se confunden. Cuando nacieron de nuevo pensaron que su cuerpo fue salvado, que su cabeza fue salvada. Sin embargo, después del nuevo nacimiento, quisieron hacer algunas cosas malas.

El diablo dijo: "Si eres salvo, no deberías desear eso. De seguro no has recibido salvación. Si fueras salvo no tendrías esos malos pensamientos".

Tengo nuevas para usted. Su cabeza no fue salvada. Su cuerpo no fue salvado. Su espíritu nació de nuevo. Con Dios dentro, usted fue hecho justicia de Dios en Cristo Jesús.

Jesús debe moldear la parte externa, y el espíritu del hombre debe llevar el cuerpo a la sujeción del Espíritu Santo. Usted mortifica algunas obras del cuerpo al ir a la iglesia. También para escuchar la Palabra de Dios o para leer este libro, este cuerpo, la carne, debe ser disciplinado por Dios. Su cuerpo no siempre quiere hacer las cosas que su espíritu haría. "*Porque el deseo de la carne es contra el Espíritu, y el del Espíritu es contra la carne; y estos se oponen entre sí, para que no hagáis lo que quisiereis*" (Gálatas 5:17).

A veces su cuerpo dice: "Prefiero no hacer..." y el hombre espiritual dentro de usted dice: "Anda cuerpo, levántate". A usted su cuerpo o su espíritu van a dominarlo. Y cuando se nace de nuevo se supone que el Espíritu va a dominar el cuerpo. El Espíritu Santo debe dominar el cuerpo.

A veces el Espíritu no domina porque usted falla en actuar sobre lo que conoce. La Palabra dice: "Ustedes son participantes de la divina naturaleza de Dios". Si somos participantes de la naturaleza divina de Dios y Dios habló e hizo que la creación fuese, ¿qué cree usted que va a pasar cuando comience a decir algunas cosas en fe?

Jesús dijo que usted puede tener cualquier cosa que diga, *si no duda, y* cree en su corazón lo que dice.

En el libro de Santiago, capitulo tres, versículos uno y dos dice: "*Hermanos míos no os hagas maestros muchos de vosotro., sabiendo que recibiremos mayor condenación. Porque todos ofendemos muchas veces. Si alguno no ofende en palabra, este es varón perfecto, capaz también de refrenar todo el cuerpo*".

Digamos el versículo dos en otras palabras: "Porque todos tropezamos, caemos y ofendemos de muchas maneras. Si alguien no ofende al hablar, si nunca dice nada malo, es una persona perfecta, de carácter plenamente desarrollado, capaz de controlar todo su cuerpo y de refrenar toda su naturaleza". El versículo tres diría: "Si colocamos freno en las bocas de los caballos para que nos obedezcan, podemos hacer que sus cuerpos nos obedezcan".

La palabra del griego traducida aquí como "*ofender*" podría traducirse como *tropezar*. "Porque tropezamos en muchas cosas", "Si algún hombre no tropieza en palabra ... " ¿No cambia eso el significado de la expresión? Si usted no tropieza con sus palabras, dice, es igual a un hombre perfecto, capaz de sujetar su naturaleza a obediencia.

Hemos tropezado con nuestras palabras.

El versículo tres dice: "He aquí nosotros ponemos freno en la boca de los caballos, para que nos obedezcan; y dirigimos así todo su cuerpo". El freno en la boca del caballo permite dirigirlo en cualquier dirección. Los versículos cuatro y seis dicen:
. "Mirad también las naves; que aunque tan grandes y llevadas de impetuosos vientos, son gobernadas con un muy pequeño timón por donde el que las gobierna quiere". Así también la lengua es un miembro pequeño, pero se jacta de grandes cosas. He aquí, ¡cuán grande bosque enciende un pequeño fuego! Y la lengua es un fuego, un mundo de maldad. La lengua está puesta entre nuestros miembros, y contamina todo el cuerpo, e inflama la rueda de la creación, y ella misma es inflamada por el infierno".

En palabras sencillas, usted puede poner freno en la boca de un caballo y controlar su cuerpo. En el mismo sentido, consideremos la lengua. Un pequeño timón dirige hacia donde el capitán quiera un enorme barco de muchas toneladas de peso. Pero la lengua es fuego, un mundo de maldad. Y la lengua entre nuestros miembros puede corromper todo el cuerpo e incendiar la naturaleza, el ciclo de nuestro nacimiento, el ciclo de la naturaleza humana... Eso significa que si usted ha heredado buena salud de sus padres, si su abuelo era sano, si la buena salud es lo común en su familia, entonces lo más probable es que usted sea sano. Cuando usted adquiere un seguro deben hacerle un examen médico. El médico le pregunta cómo fue la salud de sus padres y abuelos, y de qué murieron. Puede decirle mucho sobre su propia longevidad a partir de esas preguntas.

La Palabra dice que la lengua puede detener esas fuerzas naturales. La lengua puede destruir el ciclo de la naturaleza que hace que usted sea sano.

Si empieza a decir: "Creo que me estoy enfermando de algo", probablemente va a enfermarse de veras.

"Creo que me estoy resfriando".

¡Va a resfriarse!

He escuchado personas que vienen para que ore por ellas y dicen: "Tengo miedo de tener cáncer. Todavía no tengo ningún síntoma, pero creo que ya lo voy a tener".

La Palabra dice que la lengua incendia el ciclo de la naturaleza. Destruirá el fluido dador de vida que Dios puso en usted para sanar y para hacerlo completo.

Cada persona tiene un poder sanador natural dentro de su cuerpo. Si usted se corta en la yema de un dedo, no tiene que preocuparse demasiado. El cuerpo sabe sanarse a sí mismo. Ese poder sanador está en usted.

Si usted habla de enfermedad y de males y de derrota, habrá producido palabras que darán fruto de acuerdo con su naturaleza. Usted puede detener el poder sanador natural que Dios colocó en usted, por las palabras de su boca. Muchas personas han obstaculizado la sanidad divina en esa forma, con palabras negativas.

Los versículos 7 y 8 dicen: "*... toda naturaleza de bestia y de aves, y de serpientes, y de seres del mar, se doma y ha sido domada por la naturaleza humana; pero ningún hombre puede domar la lengua ...* ".

Alguien dice: "Para qué intentarlo, la Biblia dice que no se puede, nadie puede dominar la lengua".

En Santiago 3:8 dice: "*Pero ningún hombre puede domar la*

lengua,que es un mal que no puede ser refrenado, llena de veneno mortal".

Y usted lo sabe, ¡tiene esa cosa en su boca!

Nadie puede dominar la lengua. Es un mal ingobernable lleno de veneno mortífero. Puede envenenar su cuerpo, su espíritu; puede envenenar su vida, o sacarlo hacia adelante en la vida, si se usa correctamente. Puede traer vida y salud a su espíritu, alma y cuerpo.

Ningún hombre puede dominarla, pero gracias a Dios, *el Espíritu Santo puede.*

Algunos han dicho: "De todas maneras, ¿Qué hay de bueno es eso de hablar en lenguas?" Muchos creen que las lenguas cesaron con los apóstoles.

Pues bien, ¿ha considerado a Pedro? Siempre estaba "yéndose de lengua" y prometiendo hacer... "Moriría por ti", le dijo Jesús.

Me imagino a Jesús, ahí, junto a él.

"Sí. Moriré por ti".

Después, cuando alguien dijo: *"Creo que ese hombre es uno de ellos"*, y trató de acusarlo de ser seguidor de Jesús; *"No"*, dijo Pedro. *"No conozco a ese hombre"*. Aquellas palabras salieron precisamente de su boca. Él no tenía control de su lengua, estaba dominado por el miedo, aun cuando no pudieran encontrar suficientes evidencias para condenarlo.

Después del día de Pentecostés

Pero después del día de Pentecostés, cuando Pedro fue bautizado con el Espíritu Santo y habló en lenguas, el poder de Dios llegó dentro de él. Entonces Pedro se puso de pie y habló tres minutos y tres mil personas fueron salvas. Hubo poder en sus palabras. Después salió del aposento alto y al primer lisiado que encontró le dijo: (parafrasearé): "No tengo plata; la tengo en casa, pero lo que tengo te voy a dar: en el nombre de Jesús levántate y anda" (Hechos 3:6).

Los ojos de aquel hombre se agrandaron y dijo: "Nunca nadie me ha hablado así. Todo el mundo me dijo siempre: Ay, bendito seas, todo este sufrimiento algún día valdrá la pena. Estás sufriendo por el Señor. Dios está tratando de enseñarte algo".

Y cuando Pedro dijo: "De lo que tengo te doy. En el Nombre de Jesús, levántate y anda", él dijo: "No sé lo que quieres darme, pero lo quiero". ¡Alabado sea Dios! Pedro lo tomó de la mano y él se levantó.

Pedro aprendió a controlar su lengua. No veo dónde Pedro se hubiese metido en más problemas por su lengua suelta después del día de Pentecostés. El poder de Dios comenzó a obrar en la vida de Pedro después de que fuera bautizado con el Espíritu Santo. El Espíritu Santo dominó su lengua. El Espíritu debe enseñarle algo.

Él domará su propia lengua si usted lo deja, si profundiza en la Palabra de Dios. El Espíritu Santo trabaja con el hombre desde adentro hacia afuera.

Así puede verse desde Santiago, que lo que usted dice causa malestar y enfermedad, o los cura. Usted puede echar de sí el malestar y la enfermedad con las palabras de su boca.

Alguien dice: "Eso suena como pensamiento positivo o el lenguaje de la secta ciencia cristiana".

No, no es ciencia cristiana. No niego la existencia de la enfermedad; niego el derecho de esa enfermedad para existir en este cuerpo, porque yo soy parte del cuerpo de Cristo. "*Vosotros, pues, todo el cuerpo de Cristo, y miembros cada uno en particular*" (1 Corintios 12:27).

La enfermedad es una maldición

La Palabra dice: "*Cristo nos redimió de la maldición de la ley, hecho por nosotros maldición (porque estaá escrito: Maldito todo el que es colgado en un madero) para que en Cristo Jesús la bendición de Abraham alcanzase a los gentiles, a fin de que por la fe recibiésemos la promesa del Espíritu"* (Gálatas 3:13-14).

Todo mal y enfermedad está bajo la maldición: *"Asimismo, toda enfermedad y toda plaga que no está escrita en el libro de esta ley, Jehová la enviará sobre ti, hasta que seas destruido"* (Deuteronomio 28:61). Pero, alabado sea Dios, Cristo nos redimió de la maldición de la ley.

No he visto dónde Jesús estuviera enfermo, sino hasta que fuera hecho por nosotros maldición en la cruz. Jesús fue el cuerpo de Cristo mientras estuvo aquí sobre la Tierra. Ahora usted es un miembro del cuerpo de Cristo. Por lo tanto, cuando algún mal o enfermedad traten de tomar su cuerpo, debe hacer esta confesión: "Soy el cuerpo de Cristo, soy redimido de la maldición, y yo prohibo que cualquier enfermedad o mal obre en este cuerpo. Cada órgano, cada tejido de este cuerpo funciona a la perfección para la cual Dios lo quiso que funcionara. Cada órgano, cada tejido funcionará adecuadamente, porque más grande es el que está en mí que el que está en el mundo.

capítulo 4

Afirmar la Palabra de Dios

He escuchado decir a algunas personas: "Ore por mi, estoy resfriándome".

En el momento ya llamaron al resfrío. Ya se están resfriando. Satanás se los ofreció; les dijo: "Ya tienes la nariz mocosa, y un dolor en la nuca; ahora vamos a ver lo que vas a decir". Y la mayoría de las personas se sitúan junto al diablo y comienzan a decir lo mismo: "Me estoy resfriando".

La Palabra dice: " *... por boca de dos o tres testigos se decidirá todo asunto"* (2 Corintios 13:1).

Usted puede tener la nariz mocosa. El cuerpo puede dolerle por todas partes. Es así como se siente, pero ¿qué va a decir de ello?

La Palabra de Dios permanece para siempre en los cielos, ya esta establecida allí. *"Para siempre, oh Jehová, permanece tu Palabra en los cielos"* (Salmo 119:89).

Lo primero que la mayoría de las personas hace es ir a decir a su esposa, o al esposo: "Creo que me estoy resfriando". Esa es una manera de poner fe en la enfermedad. Así se afirman las palabras del enemigo. Y Jesús dijo que usted puede tener lo que diga. La Palabra en esencia, dice que la lengua hará que el poder sanador no fluya.

Hará que las tendencias hereditarias malas se manifiesten. Pero lo que usted ha heredado es el poder sanador natural de su cuerpo. Ahora, no me malinterprete. No estoy hablando de sanidad divina en este punto, sino de la capacidad natural sanadora del cuerpo humano. Así, con una vida equilibrada, con el cuerpo funcionando bien, y sin la participación de Satanás, cualquiera enfermedad que le sobrevenga será rechazada por su cuerpo, y este se sanará a sí mismo.

Ese poder sanador está en su cuerpo, pero Satanás, cuando entra en escena, lo distorsiona. Él ha descubierto que este poder sanador esta *limitado por lo que pueda hacer que usted diga.*

Jesús dijo que usted puede tener lo que dice. No son muchos los cristianos que saben eso, pero Satanás lo sabe, y lo cree.

De nuevo pensemos en la última vez que usted se resfrío o que estuvo enfermo. ¿Qué fue lo primero que deseo hacer después de notar los primeros síntomas?

Quiso decirle a alguien: "Estoy enfermo". Y probablemente lo hizo. Entonces comenzó a empeorar inmediatamente, si no antes. Inconscientemente, activó la ley espiritual que cedió al enemigo la autoridad que usted tenía para dominar su cuerpo físico. Usted afirmó las palabras del enemigo en lugar de afirmar la Palabra de Dios. Proclamó abiertamente: "Estoy enfermo".

El poder sanador de la Palabra

Permítame recordarle que la Palabra dice que usted está sano. *"Quien llevó él mismo nuestros pecados en su cuerpo sobre el madero, para que nosotros, estando muertos a los pecados, vivamos a la justicia; y por cuya herida fuisteis sanados"* (1 Pedro 2:24). No dice que usted va a ser sanado sino, fuisteis sanados. Jesús ya lo sanó hace dos mil años. No lo va a sanar otra vez.

Apóyese en lo que Él dijo, y niegue a la enfermedad el derecho de existir en su cuerpo. Apóyese por la fe, confiese el poder de la Palabra de Dios sobre la enfermedad y diga: "Aunque me duela, en el Nombre de Jesús no estoy enfermo".

Alguien dice: "Eso suena ridículo".

Puede ser, pero prefiero ser ridículo a estar enfermo. Funciona. Funciona porque Dios dijo que sería así. Dios dice en su Palabra que usted puede tener lo que diga.

La mayoría de las personas están teniendo lo que dicen, pero dicen las cosas equivocadas. Por ejemplo, una dama se puso de pie en la iglesia y dijo: "Ore por mí, me estoy resfriando". Orar por ella no le hará ningún bien. Sería desperdiciar el tiempo. Ella cree lo equivocado. Por las palabras de su boca ha depositado fe en el poder del enemigo para enfermarla. Ella no tiene base escritural para creer eso. Ha sido motivada por sus sentimientos físicos.

El justo vivirá por la fe y no por la vista.

Debemos aprender a creer en lo que la Palabra de Dios dice, más que en nuestros sentimientos. Los sentimientos cambian diariamente. La Palabra de Dios nunca cambia. Siempre permanece igual, no importa cómo usted se sienta. Cómo se sienta no tiene nada que ver con que Dios cumpla su Palabra.

He visto personas pidiéndole al pastor que vaya a orar por ellas. El pastor ha ido conmigo y hemos orado por ellas. Hemos preguntado: "¿Crees que estas sano?"

Y han contestado: "Pues, ojalá".

Pues bien, no están sanos, sin duda. No hubo fe en la oración. Ese "ojalá" no tenía sustancia.

La Biblia dice: "*La oración de fe salvará al enfermo, y el Señor lo levantará...*" (Santiago 5:15).

Alguien dice: "Sí, pero todavía me duele después de la oración".

Su fe estuvo totalmente basada en sentimientos, no en la Palabra. La Biblia no dice que la palabra de fe sanará al enfermo si no le duele después de la oración. Dice: "La palabra de fe salvará al enfermo, y el Señor lo levantará".

Deberían decir: "Gracias a Dios, oraron. Creo que oraron con fe, se y creo que creí a Dios. Por tanto, me estoy levantando en el Nombre de Jesús".

Hemos consentido esas cosas.

Ahora, no estoy en contra de los médicos, no me interprete mal. Si usted no ha aprendido a funcionar con estos principios, visite su medico. Él es su mejor amigo. Los médicos luchan contra el mismo mal, solo que con medios médicos. No hay nada malo en ir al medico, pero aprenda a funcionar en el poder de Dios. Active el poder de Dios en usted con las palabras de su boca.

Santiago dice que usted puede hacerlo. Dice que si usted puede controlar la lengua no va a tener problemas con el cuerpo. Dice que la lengua es el factor directriz para el cuerpo, así como el freno para el caballo. Ambos están en la boca, y controlan el cuerpo. Si usted controla la lengua, no va a tener problemas físicos.

El cuerpo obedecerá las palabras.

El cuerpo tiene que ser entrenado para actuar conforme a la Palabra de Dios.

Su cuerpo obedece el mandato de su mente "No quiero comer tanto, porque sobrepaso mi peso normal, porque este cuerpo es el templo del Espíritu Santo, por lo tanto, en el Nombre de Jesús no quiero comer más de lo que mi cuerpo necesita. Y en el Nombre de Jesús renuncio a comer más de lo debido".

Empiece por confesar lo anterior en su programa de dieta. Cuando usted empiece a utilizar las palabras que lo saquen hacia adelante, en vez de permitirles que lo aten, las palabras funcionarán a su favor. Sus palabras trabajarán para usted.

Pero no funcionará porque lo diga una vez; no piense eso, pero comience a hacerlo. Comience por confesar las cosas que usted desea, no el problema existente.

Alguien dice: "¿Cuánto tiempo?"

Hasta cuando obtenga los resultados deseados. Recuerde controlar las palabras de su boca.

"Ah, yo sé que he comido suficiente, pero en verdad deseo

una porción de postre. Me gusta comer postres. No puedo vivir sin comer dulces. Imagino que me pondré gordo como un corral".

De veras he oído gente diciendo eso. Si usted dice: "Quiero una porción de postre", su cuerpo comenzará a desearlo. Usted forma deseos con sus palabras. Y así es posible acostumbrar el cuerpo. Mortifique esos deseos; para ello diga: "No, en el Nombre de Jesús, no quiero más comida que la que necesito".

Alguien dice: "Eso sería mentir".

No se trata del hombre espiritual que habla. Está programado con la Palabra de Dios y el hombre espiritual dice: "No quiero nada que pueda ser dañino para el cuerpo; yo sé que si como de más, será nocivo; por lo tanto, estoy hablando desde el hombre espiritual y digo: No deseo nada más en el Nombre de Jesús".

Sí. Háblele. Pero le aconsejaría hacerlo silenciosamente, si está hablando en publico. Si lo oyeran, ¡a los demás les paracería rarísimo!

Jesús siempre habló al problema. Habló los resultados deseados, los resultados finales. Al seguir su ejemplo seríamos sabios.

Quiero que note lo que Jesús dijo con respecto a esto.

"O haced el árbol bueno y su fruto bueno, o haced el árbol malo, y su fruto malo; porque por el fruto se conoce el árbol. ¡Generación de víboras! ¿Cómo podéis hablar lo bueno, siendo malos? Porque de la abundancia del corazón habla la boca" (Mateo 12:33-34).

Así Jesús enuncio una profunda verdad. Lo que sale de la boca es porque abunda en el corazón.

Los síntomas aparacen y el diablo dice: "Me pregunto qué tienes".

"No sé. Me pregunto qué tengo".

Él saca una carta de debajo de la mesa y dice: "¿Crees que estás resfriado?"

"Pues... no creo que esté resfriado".

"Pero, ¿crees que tienes dolor de garganta?"

"Sí. Mi garganta está áspera".

Usted debe hacer una decisión. ¿Estará motivado por lo que sienta, vea u oiga, o por la Palabra? La Palabra dice que Jesús llevo sus enfermedades (Mateo 8:17).

Isaías 53:5 dice: *"fuimos todos sanados"*.

La voz de la duda dice: "No me siento sanado nada. No luzco como si lo estuviera, porque mi garganta luce enrojecida. Mi voz es áspera, no suena sanada".

Lo físico ha tomado lugar sobre la Palabra de Dios. "Querida, estoy enfermo". Su voz penetra cada fibra de su ser, aun su corazón (espíritu). Su lengua la más alta autoridad, el factor que controla el cuerpo y el espíritu, ha declarado que está enfermo y cesa toda resistencia al virus. De veras está enfermo.

Usted podría decir: "Sí, pero estaba sintiéndome mal antes de que dijera eso".

Sí. Habían aparecido los síntomas. Pero el enemigo no puede poner nada en usted sin su consentimiento. Él puede hacer que usted sienta que va a enfermarse, y usted regresa a ese sentimiento. Por eso es peligroso vivir por los cinco sentidos físicos, por lo que sienta, escuche, guste o toque.

Prográmese a sí mismo con la Palabra

Aprenda a programarse a sí mismo con la Palabra. Cuando se sienta mal, diga: "¿Qué dice la Palabra sobre esto?" Alabe al Señor. La Palabra dice: *"Por sus heridas estoy sano"*, por lo tanto, "no recibiré tu enfermedad, Satanás, la dejo pasar; no la quiero, gracias".

Si alguien llegara a su puerta a ofrecerle un saco de serpientes de cascabel, ¿iría usted al patio de su casa a decir: "Supongo que esta es la voluntad de Dios"? Y después diría: "Descárguelas ahí, a la entrada de la casa. Oh, amado Dios, ¿qué voy a hacer con estas serpientes en la despensa, en el baño; serpientes por todas partes? ¿Debo suponer que esta es la cruz que me habrá tocado llevar?"

¡Pero si hubiera podido impedirlo! Tenga la decisión necesaria para cerrar la puerta. Diga: "No, gracias, no quiero nada".

No se vaya a poner de pie para testificar ante toda la iglesia: "Me estoy resfriando".

Jesús dijo: "*Si dos de vosotros se pusieren de acuerdo en la tierra ...*" (Mateo 18:19).

Una noche escuché a una dame anunciar ante toda la iglesia: "Me estoy resfriando", y la mayoría de las personas de la congregación dijeron: "Luce mal. Sus ojos están llorosos. Sí, ella se esta resfriando; es eso".

Cientos de personas se pusieron de acuerdo en que ella estaba resfriada.

Hubiera sido más sencillo ponerse de pie para decir: "El enemigo ha estado tratando de poner los síntomas del resfrío en mí, y de hacerme creerlo. Pero delante de ustedes, esta noche, y ustedes son mis testigos ante los ángeles, ante Dios y ante el cielo de que no estoy enferma. No me resfriaré, por las llagas de Jesús estoy sana. La Palabra dice que estoy sana. Eso es suficiente para mí. Gracias".

Hubiera habido gente con los ojos muy abiertos diciendo: "¿Qué mal le habrá pasado a esta mujer?"

Pero cuando se puso de pie y dijo: "Me estoy enfermando", nadie se inmutó. Apenas dijeron: " ¡Pobrecita, se está enfermando!"

¿Puede darse cuenta de lo tontos que hemos sido cuando han sucedido estas cosas?

Sin embargo, no siempre he visto eso. No crea que estoy diciendo: "Conozco todas las respuestas". Todavía no las conozco todas, pero gracias a Dios, estoy encontrándolas en su Palabra.

Recuerde, Jesús dijo: "*... de la abundancia del corazón habla la boca*" (Mateo 12:34). La enfermedad y los malestares llegaron a su espíritu antes de que salieran de su boca. Su espíritu los recibió primero. Entonces, cuando usted creyó, habló. Pero puede tener el mismo espíritu de fe, conforme a lo que está escrito: "*Creí, por lo cual hable, nosotros también creemos, por lo cual también hablamos*" (2 Corintios 4:13).

Santiago dice que la lengua inflama la rueda de la creación. La lengua puede impedir que el poder de Dios, la sanidad divina, fluya dentro de usted. Lo atará a la esclavitud, a menos que aprenda a controlar las palabras de su boca. *"Te has enlazado con las palabras de tu boca y has quedado preso en los dichos de tus labios"* (Proverbios 6:2).

Un mensaje de liberación impt

Dios le dio a usted un mensaje de liberación. Él dijo: *"Puedes tener lo que digas, si crees de todo corazón y no dudes"*. También dijo: *"De la abundancia del corazón habla la boca"*. Esas palabras deben decirnos algo.

En el capitulo 15 de Mateo, a partir del versículo 11, se estaban quejando de Jesús porque sus discípulos comían sin lavarse las manos. ¿Era eso conflictivo? Pero Jesús dijo: *"No es lo que entra a la boca lo que contamina al hombre, sino lo que sale de su boca. Pero lo que sale de la boca, del corazón sale; y esto contamina al hombre"*. Jesús esta diciendo que lo que usted habla está en su corazón, y cuando sale, es puesto en movimiento. Afirma su testimonio sobre la Tierra. La Palabra dice: *"... Por boca de dos o tres testigos se decidirá todo asunto"* (2 Corintios 13:1).

La Palabra dice que usted está sano.

El diablo dice que usted está enfermo.

Entonces usted se pone de pie y dice: "Estoy enfermo".

Y establece así la enfermedad con las palabras de su boca. Convino con el enemigo.

De igual manera, hubiera podido decir:

"No, gracias, no recibiré enfermedad".

Santiago dice que las palabras de su boca podrían contaminarlo. La lengua puede contaminar todo el cuerpo.

Crear un mundo diferente para vivir

El poder creador estaba en la boca de Dios. También esta en su boca. Eso no significa que usted va a crear el mundo. Pero usted puede crear un mundo diferente para vivir, por las palabras de su boca, si habla palabras llenas de fe en lugar de palabras de temor.

El temor es contrario a la fe.

El temor es producido por creer lo equivocado

El temor es fe en poder del enemigo.

Jesús dijo: "*El hombre bueno, del buen tesoro del corazón saca buenas cosas ...*" (Mateo 12:35).

¿De donde vienen las cosas buenas?

Jesús dijo que vienen del corazón. No dijo que venían de quedarse despierto hasta altas horas de la noche trabajando con sus dedos hasta que sus manos queden hechas mero hueso. Dijo que las cosas buenas de la vida salen de su corazón. Cualquier cosa que usted almacene allí; la información con que usted programa su espíritu producirá su fruto. Siempre producirá según su especie. La fe produce fe. Las palabras de temor producen temor en abundancia.

Cuando hablo del espíritu estoy hablando del corazón.

El corazón y el espíritu son lo mismo. Programar su espíritu con la Palabra de Dios consiste en decir lo que Dios dice sobre usted en su Palabra. Diga lo mismo que Él dice. Resista al diablo y él huirá de usted.

Uno de los problemas crónicos de la iglesia de hoy es su descuido para reconocer la autoridad de la Palabra. Al primer síntoma de enfermedad, se escucha decir: "Estoy enfermo".

Santiago 4:7 dice: "*Someteos, pues, a Dios; resistid al diablo, y huirá de vosotros*". Estar sujeto a Dios es estar sujeto a su Palabra. Usted debe someterse a Dios. Debe someterse a su Palabra.

Jesús resistió a Satanás con la palabra hablada. En Mateo 4:4,

7 y 10 dice: *"Él respondió y dijo: Escrito esta: No solo de pan vivirá el hombre, sino de toda palabra que sale de la boca de Dios".* Jesús le dijo: *"Escrito está también: No tentarás al Señor tu Dios".* Entonces Jesús le dijo: *"Vete, Satanás, porque escrito está: Al Señor tu Dios adorarás, y al él solo servirás".* Jesús hablo a Satanás y este le dejó.

Él llevó nuestras enfermedades y pecados

Leemos en 1 Pedro 2:24: *"Quien llevó él mismo nuestros pecados en su cuerpo sobre el madero, para que nosotros, estando muertos a los pecados, vivamos a la justicia; y por cuya herida fuisteis sanados".*

La Palabra dice que usted fue sanado. La enfermedad es una maldición de la ley, y Gálatas 3:13 dice: *"Cristo nos redimió de la maldición de la ley, hecho por nosotros maldición..."* Mateo 8:17 dice: *"Para que se cumpliese lo dicho por el profeta Isaías, cuando dijo: Él mismo tomó nuestras enfermedades, y llevó nuestras dolencias".* Él mismo tomó sus enfermedades, y llevó sus dolencias. Al leer las Escrituras aprenda a reconocerse. Isaías 53:5 dice: *"Por su llaga fuimos nosotros curados".* Por su llaga usted está sano.

Alguien dice: "Si, pero usted no entiende. No me siento sano y no luzco como tal".

Esa persona ha sido programada por el sistema del mundo, por los cinco sentidos físicos. La palabra no está en ellos. Ellos pueden conocer de la Palabra, pueden incluso creer que la Palabra es verdad, pero hasta que esta haga parte de ellos, no está en ellos.

Sí, yo entiendo. Usted esta motivado por sus sentimientos y no por la Palabra de Dios.

Es muy simple resistir al diablo, una vez que usted se haya programado con la Palabra de Dios. Dios y su Palabra son uno. Están de acuerdo.

Aprenda a estar a la altura de la Palabra de Dios, a través de citar lo que Dios dice. Así podría atreverse a decir: "De acuerdo con la Palabra de Dios, no estoy enfermo. Jesús llevo mi enfermedad, Él la llevó por mí, por lo tanto yo recibo mi sanidad por medio de la Palabra".

Así como Jesús llevó nuestros pecados, también llevó nuestras enfermedades. Usted no debe entonces permitir que la enfermedad actúe en su cuerpo más que el pecado.

Desarrolle su fe

Si usted no ha desarrollado su fe en la Palabra hasta el punto en que pueda recibir sanidad a través de la Palabra, entonces use la sanidad de la ciencia médica, pero no permita que la enfermedad se enseñoree de usted. Emplee cuantos recursos pueda para librarse, pero no deje que la enfermedad lo domine. Si tiene que tomar pastillas para su curación, cada vez que tome una diga: "Tomo esta pastilla en el Nombre de Jesús". El nombre de Jesús hará sus medicamentos doblemente eficaces.

No permita que Satanás lo condene por tomar medicamentos. Dios desea su bienestar. Si su fe no se ha desarrollado hasta el punto en que pueda prescindir de ellos, por amor de Dios, no sufra 39 años y no diga que ha confiado en el Señor. Si ha sufrido 39 años, ha cometido alguna falta. No es esa la voluntad de Dios para usted. Busque ayuda médica, póngase de pie y busque en la Palabra dónde ha fallado. Aprenda a controlar las circunstancias en lugar de permitir que estas lo controlen.

Hace unos años un hombre me dijo: "No le pediré que ore por mí, estoy tomando medicinas".

Satanás ha llevado a muchos buenos cristianos a creer que si están tomando medicinas no deberían atreverse a orar. Satanás se da cuenta de que no puede impedir que usted utilice ambas cosas, por eso se esfuerza para convencerlo a usted de que la oración y la ciencia médica se oponen la una a la otra. La verdad es que tanto la oración como la medicina combaten el mismo mal: los malestares y las enfermedades.

Por supuesto, el deseo de Dios para usted es que desarrolle su fe hasta el punto en que reciba sanidad a través de la oración y de la Palabra de Dios. Pero la fe de cada cual no está desarrollada a ese nivel. Esa es una de las razones por las cuales Dios le dio a los hombres el conocimiento médico. Él quiere que su pueblo esté bien aunque no sepa cómo actuar en la Palabra.

Dios quiere que usted esté bien

Diga ahora: "Me quiere sano" (3 Juan 2). Diga otra vez, en voz alta: "Me quiere sano".

Confiese la Palabra de Dios a su cuerpo cada día. Sí. Háblele. A veces su cuerpo desea enfermarse. No lo permita. Jesús dijo que usted puede tener lo que diga, así que tome tiempo para llenar su corazón, su espíritu, con la Palabra de Dios.

La Palabra de Dios produce fe

He visto personas pasar al frente para decir: "Ore por mí para que tenga más fe". El problema real es la falta de la Palabra en sus corazones. Note que la fe viene por oír la Palabra de Dios. No es bíblico orar por más fe. La Palabra de Dios está llena de fe. Donde la Palabra de Dios está, ahí hay fe. *"Si permanecéis en mi, y mis palabras permanecen en vosotros, pedid todo lo que queréis, y os será hecho"* (Juan 15:7).

Cuando la Palabra está ausente, la fe está ausente.

Cuando usted está bajo la presión de la vida, lo que abunda en su corazón, sale, sea de Dios o de Satanás.

Las palabras de Satanás producirán temor e incredulidad en su corazón.

Las Palabras de Dios producirán fe en su corazón.

Y "*... de la abundancia del corazón habla la boca*" (Mateo 12:34).

Lo que sea formado por la lengua y hablado por la boca creará lo bueno o lo malo. Las palabras tienen poder creador. "*El hombre bueno, del buen tesoro del corazón saca buenas cosas; y el hombre malo, del mal tesoro saca males cosas*" (Mateo 12:35). "*Pero lo que sale de la boca, del corazón sale; y esto contamina al hombre. Porque del corazón salen los malos pensamientos, los homicidios, los adulterios, las fornicaciones, los hurtos, los falsos testimonios, las blasfemias. Estas cosas son las que contaminan al hombre ...*" (Mateo 15:18-20).

Las palabras concebidas en su corazón serán formadas por su lengua, y al hablarlas, su boca liberará el poder de Satanás o el poder de Dios dentro de usted. Esas Palabras crearán bien o mal, maldición o bendición. "*De la misma boca proceden maldición y bendición ...*" (Santiago 3:10).

Hay poder creador dentro de usted. Aprenda a usarlo sabiamente.

El Espíritu de Dios me habló una mañana diciendo: "No tienes que preocuparte por establecer mi palabra en los cielos, ya permanece allí. Lo que necesitas es hacer que permanezca en la Tierra. Establece mi palabra en la Tierra. Hazlo, y no tendrás ningún problema. El problema es que ustedes han estado estableciendo la palabra del diablo. Han estado diciendo lo que dice el enemigo".

Establezca la Palabra de Dios aquí en la Tierra.

capítulo 5

Mi lucha personal de fe

Hace algunos años invertí una suma bastante crecida de dinero en un negocio arriesgado. Había puesto pruebas delante del Señor en relación con ese negocio. Todas ellas resultaron como yo esperaba. Pero en realidad, resulté probado. Como dice Pablo en 2 Corintios 4:4 *"En los cuales el dios de este siglo cegó el entendimiento de los incrédulos, para que no les resplandezca la luz del evangelio de la gloria de Cristo, el cual es la imagen de Dios"*. Pablo dice que Satanás es el *dios* de este mundo *físico*. Satanás conocía las pruebas que yo había demandado.

Ahora he encontrado una manera mejor para conocer la voluntad de Dios. *"Pero cuando venga el Espíritu de verdad, él os guiará a toda la verdad; porque no hablará por su propia cuenta, sino que hablará todo lo que oyere, y os hará saber las cosas que habrán de venir"* (Juan 16:13).

Yo había vendido una pequeña finca e invertido el dinero en el negocio. Perdí casi toda la inversión más otra alta suma adicional.

Por la confusión causada por el enemigo, perdí la fe y me volví negativo. Pensé que Dios había causado la pérdida. Eso era lo que Satanás había puesto en mi mente. Después de algunos meses me di cuenta que los *pensamientos* negativos de mi mente no estaban de acuerdo con la Palabra de Dios.

Entonces el enemigo trató de convencerme de que yo le había fallado a Dios, y que por esa razón había perdido el dinero, y que Dios estaba enojado conmigo.

Sé que la historia suena familiar a muchos, porque esta es una de las mentiras comunes que Satanás usa para traer condenación y confusión al pueblo de Dios.

Mis confesiones ordenadas

En ese confuso estado emocional me volví negativo y comencé a decir: "No importa lo que haga, de nada servirá".

En esa oportunidad estaba cultivando unos 32 hectáreas de tierra, así que dirigí mi atención a las tareas agrícolas. Sabía que esa era una actividad que yo podía hacer bien puesto que siempre había tenido éxito en ella.

Pero después de volverme negativo, plantaba algodón y decía: "Cuán profundo siembre no hará ninguna diferencia, probablemente lloverá mucho y las semillas se perderán".

Llovió y el algodón se perdió.

Sembré de nuevo, esta vez a poca profundidad del suelo, y le decía a casi todo el mundo que veía: "Ahora el tiempo se tornará seco y no lloverá por tres semanas".

Y sucedió lo que había dicho.

La tercera vez que sembré ese año hice más declaraciones negativas. Entre más problemas surgían, más negativo me ponía; ese es el ciclo de Satanás. La tercera siembra produjo unas dos terceras partes de lo que normalmente produce una siembra de algodón. Todavía puedo oír mis propias palabras: "Ahora vendrá probablemente una helada temprana y quemará el cultivo antes de que se abra".

Y sucedió.

Por dos años completos confesé la misma cosa y obtuve lo que dije. Sembré en todo mi campo esos dos años y no gané ni el dinero necesario para levantar unos documentos. Las prácticas de cultivo que alguna vez me sirvieran ya no me servían. El mismo terreno que una vez produjera abundantemente ahora rehusaba responder.

Todavía estaba dando. Todavía creía Lucas 6:38: "*Dad, y se os dará; medida buena, apretada, remecida y rebosando darán en vuestro regazo; porque con la misma medida con que medís, os volverán a medir*". Pero este principio no me estaba funcionando. Oré, me arrepentí, le pedí a Dios que me prosperara, pero de nada me servía. Yo todavía estaba negativo. Mi confesión destruía mi oración. Veía fracaso doquiera que miraba. Lo creía y lo confesaba diariamente. Yo era un fracaso. Estaba colgado financieramente. Acababa de recibir un préstamo para pagar cuentas pendientes. Estaba tan pobre que no prestaba atención a nada, esa es la verdad. Iba a la iglesia, pero no podía aprovechar nada del servicio porque estaba preocupándome por mis finanzas.

Entonces un bautista vino a mi casa un día. Tenía consigo algunos libros. Lo recuerdo hojeando uno y leyendo unos pocos párrafos aquí y allá.

Era un libro de Kenneth Hagin sobre el pensamiento malo y el bueno. Para mí fue distinto de cuantos había leído. Cada párrafo decía algo en forma muy concreta. Hasta el día de hoy recuerdo una de las primeras frases que leí: "La gente que piensa mal, cree mal; y cuando cree mal, actúa mal".

Esas palabras cayeron dentro de mí como una bomba. Me paració como si alguien encendiera una luz dentro de mí. "*La exposición de tus palabras alumbra; hace entender a los simples*" (Salmo 119:130).

Leí ese libro y otro sobre la confesión. Comencé a escudriñar la Palabra para saber en dónde estaba fallando. Nunca había escuchado a nadie predicar sobre Marcos 11: 23-24: "*Porque de cierto os digo que cualquiera que dijere a este monte: Quítate y*

*échate en el mar, y no dudare en su corazón, sino creyere que se-
rá hecho lo que dice, lo que diga le será hecho. Por tanto, os digo que todo lo que pidiereis orando, creed que lo recibiréis, y os
vendrá".*

Estoy seguro de haber leído antes esos versículos, pero nunca significaron nada para mí. No estaban en mí. No tenía la me-
nor idea de que pudiera tener todo lo que dijera. Pero cuando, en
oración, comencé a estudiar lo que Jesús decía sobre las palabras,
la boca y la oración, Dios comenzó a revelarme estas cosas.

Recuerdo que una mañana estaba orando y dije: "Padre, he
orado y no sucede nada".

Él habló a mi espíritu claramente: "¿Qué estás haciendo?"

"Estoy orando". Contesté.

Él dijo: "No. Te estás quejando. ¿Quién te dijo que nada está sucediendo?"

Eso me estremeció. Pensé un minuto. Entonces dije: "Bueno,
supongo que el diablo dijo eso".

Y Dios habló a mi espíritu algunas cosas que transformaron
mi vida totalmente. "Apreciaría que dejaras de decirme lo que el
diablo dice. Me has estado pidiendo que te prospere y que aparte de ti al diablo. Yo no soy quien está creando tus problemas. Estas bajo un ataque de Satanás y no puedo hacer nada en relación
con eso. Me has atado con las palabras de tu propia boca, y nada
va a mejorar hasta cuando cambies tus confesiones y comiences
a estar de acuerdo con mi Palabra. Estás actuando en temor e incredulidad. De tu parte has establecido las palabras del diablo.
Has establecido el poder del enemigo, y si hubiera hecho algo,
hubiera tenido que violar mi Palabra y no puedo hacerlo".

Había puesto suficiente de su Palabra en mí de modo tal que
pudiera hablarme del problema. Hasta entonces Dios no tenía base desde la cual hablarme, porque yo me había apartado de su palabra para citar la del enemigo. En los meses siguientes Dios
habló a mi espíritu muchas cosas que mejoraron mi manera de
pensar, algunas de las cuales compartiré en otro libro.

Me dijo: "Estoy por tí, deseo que prosperes, pero quiero ha-

cerlo de una forma que produzca en tí valores eternos, al usar tu
fe y actuar sobre la Palabra. El poder de atar y desatar no está en
el cielo. Está en la Tierra, y si no lo usas, no será hecho. Estudia
y busca en mi Palabra promesas que te pertenezcan como creyente. Haz una lista de ellas y confiésalas en voz alta diariamente.
Con el tiempo ellas se edificarán en tu espíritu. Cuando esas
verdades se establezcan en tu espíritu, estarán verdaderamente
dentro de ti".

El secreto de la fe

Este es el secreto de la fe: decir continuamente lo que Dios
dice. Así que por dos años y medio estudié la Palabra de Dios e
hice mi propia lista de confesión.

Muchas personas desean saber por qué no funciona, cuando
no han *meditado* la Palabra y no se han atrevido a decir nada contrario a su conocimiento sensorial. Es porque no se han atrevido
a decir: "Mi Dios ha suplido todas mis necesidades conforme a
sus riquezas en Cristo Jesús", cuando se ha cumplido el tiempo
de pagar el arriendo y no han tenido el dinero. El conocimiento
sensorial les ha dicho que hubieran estado mintiendo.

¿Acaso se puede mentir cuando se dice la verdad?

La Palabra de Dios es verdad. *"Mi Dios, pues, suplirá todo
lo que os falta conforme a sus riquezas (...) en Cristo Jesús"* (Filipenses 4:19).

El Señor me habló de tener un ayuno de palabras por dos semanas. No leí nada sino la Palabra de Dios, o algo que tuviera
que ver con ella. No vi televisión, ni siquiera los noticieros durante esas dos semanas. Estaba tan entusiasmado con la Palabra
al final de ese lapso que, desde entonces, leer periódicos o ver televisión son actividades a las cuales no dedico mucha atención.

Inicié el proceso de adiestrar mi espíritu con la Palabra de
Dios.

Un día mientras confesaba: "El diablo huye de mí porque lo

resisto en el nombre de Jesús", de pronto me di cuenta de que la unción de Dios estaba suscitándose en mi. Mi espíritu la había recibido y ahora estaba siendo manifiesta en mí. En ese instante supe que el diablo estaba huyendo de mí y mis palabras asumieron autoridad.

Las Palabras de Dios están llenas de fe. Es así como viene la fe.

No vino la unción de la fe por ver programas de televisión. Vino por la Palabra de Dios. Este proceso de acostumbrar el espíritu humano no se da de la noche a la mañana. No dije la Palabra un día y estuve lleno de fe al día siguiente. Fue un proceso el separar la fe de las tradiciones religiosas.

Adiestrar el espíritu humano

La tradición dice: "Si te sientes enfermo, no estás sanado".
Pero escojo la Palabra.

La tradición dice: "Si oras, y la situación parace empeorar, sigue bombardeando las puertas del cielo".

Pero la Palabra dice: *"Cuando ores, cree que recibirás, y vendrá"*.

Por eso he ido a la Palabra a ver lo que dice sobre el motivo de mi oración. Después, he orado lo que la Palabra dice: "Mi Dios suplirá todas mis necesidades conforme a sus riquezas".

La oración llegó a ser para mí una experiencia desafiante frente a las circunstancias. Me entusiasmaba confesar: "Tengo abundancia y no me falta nada", cuando la necesidad era todavía muy obvia.

"El Señor es mi pastor, nada me faltará", decía cuando estaba rodeado de carencias.

"Ningún arma levantada contra mí prosperará", decía cuando parecía que todo estaba en mi contra y aumentaba su gravedad.

Una mañana, mientras estaba confesando la Palabra, me detuve y dije: "Señor, tu sabes que no creo que todo esto que estoy diciendo sea verdad en mí" (era la tradición lo que me hacía sentirme que mentía). Aunque sabía que la Biblia era verdad y que lo que decía estaba en la Biblia.

El Señor dijo: "Es cierto, hijo mío, sigue diciendo lo que la Palabra dice hasta cuando sea parte de ti, entonces será verdad en ti".

Y seguí con mi confesión: "Tengo abundancia, nada me falta. Mi Dios suple todas mis necesidades" hasta cuando la Palabra se formó en mi espíritu y llegó a ser parte de mí. Entonces me di cuenta de que había entrado en un reino de la fe del cual nunca había sabido.

Un nuevo reino de la fe

"*Si permanecéis en mi, y mis palabras permanecen en vosotros, pedid todo lo que queréis, y os será hecho*" (Juan 15:7). Yo no podía hacer declaraciones de fe con la plena seguridad que Dios cumpliría su Palabra. Era un sentimiento extraño dentro de mí. En mi espíritu sabía que tenía abundancia, pero no podía ver con los ojos naturales que esta fuera manifiesta.

Había orado y pedido al Padre algo más de tierra para mis cultivos. Dije: "Yo no se dónde haya más tierra asequible, pero sé que tú sí, y te pido en el Nombre de Jesús que las hagas venir a mí. Leo en tu Palabra donde tu dices que los ángeles son espíritus ministradores enviados a ministrar a los herederos de la salvación. Por tanto digo que el espíritu ministrador va a comenzar a trabajar y a hacer que la tierra venga a mí en el Nombre de Jesús".

Estaba entusiasmado con esta oración positiva. Nunca antes había orado así. Comencé a alabar a Dios por la respuesta.

Unas dos semanas habían pasado y en realidad ni siquiera había vuelto a pensar en eso. Lo daba por hecho cuando oraba. Una mañana el teléfono sonó. Cuando contesté, la interlocutora se identificó y me dijo: "Vamos a vender nuestra finca. ¿Quiere comprarla?"

Eso me tomó por sorpresa porque yo sabía cuántas personas

habían tratado infructuosamente de comprar partes de aquella finca. Tartamudeé, pero finalmente dije: "Sí. Me gustaría comprarla".

Acordamos una cita para esa misma noche.

Cuando colgué el teléfono, mi esposa dijo: "¿Qué vas a hacer?".

Le conteste: "Voy a comprar la finca".

Ella sonrió y dijo: "¿Con qué vas a pagar?"

La frase siguiente vino a mi espíritu: "El dinero no es problema". De pronto me sorprendí de escucharme diciendo eso. Tuvo que venir de mi espíritu, puesto que mi cabeza sabía que yo no tenía dinero. Pero mi espíritu estaba programado para la abundancia.

Con mi esposa y mi hija mayor, quien estaba ahí, unimos nuestras manos, nos pusimos de acuerdo y dijimos: "La finca es nuestra, en el Nombre de Jesús".

Al día siguiente puse a prueba esa declaración de fe, pero no la negamos. A veces, por el desánimo, quisimos hacerlo, pero no abrí mi boca negativamente.

Muchas veces la batalla de fe se pierde a una pulgada de la nariz, en la boca.

Por todas las circunstancias externas me parecía que la finca iba a ser para otra persona. En una de aquellas horas de prueba, mientras regresaba a casa oraba en lenguas cuando el Espíritu de Dios habló dentro de mí y dijo: "Háblale a la montaña".

Supe cuál era la montaña: otra persona que trataba de comprar la finca. No sabía qué decir, pero confesé: "El Espíritu de verdad mora en mí y me enseña todas las cosas, y yo tengo la mente de Cristo".

Hablé con el hombre y él me dijo: "En realidad no necesito la finca. Si usted la quiere, retiraré mi oferta". ¡Retiró su oferta; y la montaña fue quitada! Me vendieron la finca.

Marcos 4:15: Satanás vino a robar la Palabra.

Hice los arreglos para conseguir un préstamo. Cuando iba a cerrar el trato, la agencia prestataria me dijo que se había cometido un error y que no podrían prestarme el dinero.

El enemigo me dijo: "¿Te rindes?"

De nuevo todo parecía perdido. No tenía dinero para pagar. Estaba trabajando con dinero prestado. Me senté como que escuchaba las palabras que hacía unos años me hubieran hecho decir: "Sabía que todo era demasiado bueno para ser cierto. Nada me sale bien". Pero el Espíritu Santo me dijo: "Cruza la calle y vé al banco".

Aquel banco no quedaba cerca de mi casa, nunca lo había utilizado, por eso aquello me sonó algo tonto. Sin embargo, conocía su presidente.

Caminé hacia el banco. Mientras entraba, el presidente del banco me dijo: "Hola ¿en que puedo ayudarte?"

Fui al grano. "Necesito conseguir X suma de dinero". Era una suma mayor de la que, en una sola entrega, hubiera el banco prestado jamás.

Él dijo: "Bien, trae los papeles. He oído de esa finca que compraste. Te prestaremos la totalidad de la suma, si quieres".

Todavía me parecía oír: "El dinero no es problema, compraré la finca", palabras habladas hacía cerca de un mes que habían llegado a ser poder de Dios formado a la imagen de la Palabra de Dios.

"... *Y todo lo que hace prosperará*" (Salmo 1:3).

"*Ningún arma forjada contra ti prosperara*" (Isaías 54:17).

"*Mi Dios, pues, suplirá todo lo que os falta conforme a sus riquezas en gloria en Cristo Jesús*" (Filipenses 4:19).

"*El Señor es mi pastor, nada me faltará*" (Salmo 23:1).

Las palabras que había hablado fueron imágenes formadas en mí por el constante decir de lo que Dios decía sobre mi.

Cuando se trajeron los extractos de cuenta al día para cerrar el negocio, yo había vendido 16 hectáreas a la administración municipal para la construcción de una nueva escuela. Eso me sirvió para que al final de la transacción tuviese dinero en efectivo.

No fui yo quien lo hizo. Fue Dios respaldando las palabras llenas de fe.

Las palabras llenas de fe crean

Ahora llegamos al motivo por el cual narré esta experiencia. Durante la firma de los documentos me dijeron que nunca habían intentado vender la finca. Algunos de los herederos de la propiedad querían su dinero, por eso uno de los miembros de la familia dijo: "Averigüen cuánto cuesta y yo la compraré, así la conservaré en la familia".

La finca les había pertenecido por cerca de cien años. La pusieron en venta solo para saber cuánto costaba. No tenían ni idea que costara tanto como ofrecí. Ellos podrían llevar esa suma al banco y ganar en intereses el doble de lo que la finca estaba produciendo. Y dijeron: "Sería tonto no venderla a ese precio".

Fue un buen trato para ambas partes, porque en dos años se duplicaron los precios de la tierra cultivable. Lo que más me sorprendió fue darme cuenta de que la finca ni siquiera estaba para la venta, sino hasta el día cuando la fe se manifestó en mi espíritu e hizo que mi lengua formara la imagen que la Palabra de Dios había dibujado dentro de mí. "Compraré la finca". "La finca es mía".

Gracias a Dios por el poder de su Palabra para producir fe. Una oración de fe activa trajo la oportunidad para mí, pero no tuvo sustancia real sino hasta cuando estuve dispuesto a incorporar palabras llenas de fe a mis palabras. Entonces, y solo entonces la realidad se dio. Lo sustancial era la fe.

A veces la gente dice: "He intentado eso, pero no me da resultado. ¿Por qué a usted sí?" Y la Palabra de Dios es la razón.

Yo escojo creer lo que la Palabra dice de mí. No es porque yo sea listo. Un año antes hubiera estropeado todo con las palabras de mi boca. No fue por mis capacidades. Fue simplemente porque programé mi corazón con la Palabra, y actúe como si esta fuese verdad. Jesús dijo que las cosas buenas salen del corazón.

"Sobre toda cosa guardada, guarda tu corazón, porque de él mana la vida" (Proverbios 4:23).

En Mateo 12:35 Jesús dice: "*... El hombre malo, del mal tesoro saca cosas malas*". Si usted quiere saber de qué cosas malas habla, el capitulo 13 de Números nos enseña lo que Dios llama un mal informe. Los espías fueron enviados a espiar la tierra, y diez de ellos regresaron y presentaron un mal informe. Contaron lo que vieron, lo que oyeron, lo que sintieron.

¿Por qué eso fue tan malo?

Por el hecho que lo que oyeron, vieron y sintieron fue exactamente contrario a lo que Dios había dicho.

Dios dijo: "*Yo les he dado la tierra*". Ellos iban por ella y a planear su estrategia; cómo habrían de tomarla.

No iban a ver si podían tomarla. Iban a llegar allí y a decidir cómo iban a hacerlo.

Pero regresaron y dijeron: "Ay, allí hay gigantes. ¡Paracemos insectos a su lado!"

Gracias a Dios, si la fe mueve montañas, reducirá un gigante a estatura normal.

Dios dijo: "Las cosas que vieron, oyeron y sintieron eran un mal informe".

Todos los hemos dado. Hemos ido a Dios a darle malos informes. Hemos dicho en oración: "No para nada, Señor. Esta empeorando la situación. He orado y nada pasa". ¿Qué le hace pensar que la oración no sirve?

Si decimos en nuestra oración: "Luce mal; me parece que está empeorando", hacemos un mal informe.

No se mueva en base a lo que vea o sienta. Muévase por lo que la Palabra de Dios dice. La Palabra dice que la oración sirve. Permanezca en oración.

Permanezca

La Biblia dice: "*... Y habiendo acabado todo, estar firmes. Estad, pues, firmes*" (Efesios 6:13-14).

No dice que titubee.

Dice: *"Habiendo acabado todo, estar firmes"*. Permanezca, permanezca creyendo.

"¿Esto quiere decir no hacer nada?"

Sí. Eso quiere decir. Permanezca creyendo.

"¿Qué haré? Oré y nada pasa".

Lo primero que debe hacer es cerrar la boca.

Lo segundo: Permanecer. Si no puede decir algo bueno, no diga nada. La oración daré resultado si le ha creído a Dios.

capítulo 6

Cuide sus palabras

Muchas veces hemos perdido la fe en la Palabra de Dios para empezar a creer lo que el diablo dice. Cuando se dice lo que el diablo dice, se da libertad a sus poderes.

El temor activa al diablo.

La fe trae a Dios a la escena.

Antes que usted formule alguna declaración que llegue a su cabeza, pregúntese: ¿Quién dice eso? ¿De dónde proviene?

Si no está de acuerdo con la Palabra, ya sabe quién habló: el diablo. No lo cite; si lo hace, será engañado.

¿Sabía usted que el diablo no tiene ningún poder sobre el creyente?

El único poder que Satanás puede ejercer sobre usted es el poder engañador. Él puede hacer que usted crea sus mentiras, si usted lo permite. Y si usted anda repitiendo lo que él dice, no solo estará e n sus manos, sino que entorpecerá también la utilidad de sus oracior.es.

Si dice: "Señor, la situación empeora, nada mejora", inmediatamente detiene el poder de Dios. Quizá este ya iba a manifestarse, pero así se ha establecido la palabra de Satanás sobre la Tierra, la situación no mejora, empeora, por su palabra.

La Palabra de Dios ya está establecida en el cielo: *"Para siempre, oh, Jehová, permanece tu Palabra en los cielos"* (Salmo 119:89).

También dice la Palabra: *"Y a ti te daré las llaves del reino de los cielos; y todo lo que atares en la tierra será atado en los cielos; y todo lo que desatares en la tierra será desatado en los cielos"* (Mateo 16:19). No dice llaves para el cielo, dice llaves del cielo. *"Todo lo que atares en la tierra será atado en los cielos, y todo lo que desatares en la tierra será desatado en los cielos"*.

El Espíritu de Dios me habló una mañana: "El problema con la iglesia de hoy es que la mayoría de sus miembros está atando sus finanzas. Está atando su crecimiento espiritual al decir: "El diablo me está estorbando. No me deja hacer lo que quiero".

Pero, ¡no hay que pedirle al diablo! ¡No hay que preguntarle qué hacer! Algunas veces hemos tenido una especie de compañerismo con él, y nos ha dicho: "No, no puedes hacer eso". y después hemos dicho con nuestra propia boca: "El diablo ha estado estorbándome toda la semana, no puedo hacer nada". Pero usted debe proseguir.

He oído decir: "Él es muy listo, se te adelanta y estropea todo sin que tú lo sepas".

Al decir: "Satanás viene detrás de mí, y cuando no lo noto daña todo", se permite que el poder del diablo sobrevenga. Si Dios viniera a evitar eso, tendría que violar su Palabra, porque Él dice que usted puede tener lo que diga, y lo dicho ha sido: "Satanás es más listo que yo". Si usted, sin tener ninguna base escritural, considera que Satanás es más poderoso que Dios, el diablo viene.

La fe es la victoria

Usted tiene mucha Escritura que dice que Dios es más poderoso que el diablo. Dios lo sacará hacia adelante cada vez que actúe sobre tales Escrituras.

¡La fe que vence al mundo habita dentro de usted! *"... Esta es la victoria que ha vencido al mundo, nuestra fe"* (1 Juan 5:4).

Hay mucha Escritura para respaldarlo, pero no hay ninguna que diga que Satanás es más listo que Dios, o que usted. Por estar en Cristo usted tiene acceso a la mente de Cristo.

Satanás no es del todo inteligente. ¿Podría usted imaginar a alguien que pelea y sabe que está derrotado? El diablo es bastante estúpido.

Si usted no cree que ya hemos vencido, leamos: *"Hijitos, vosotros sois de Dios, y los habéis vencido; porque mayor es el que está en vosotros, que el que está en el mundo"* (1 Juan 4:4). Apocalipsis 12:11 dice: *"Y ellos le han vencido por medio de la sangre del cordero y de la palabra del testimonio de ellos ..."*.

¿Por qué? Por la sangre de Jesús y de la palabra del testimonio. Por la palabra de sus bocas. ¿Había notado la palabra "vencido"? La Biblia dice que usted venció, ¡Alabado sea Dios! Permanezca creyéndola y no acepte al diablo. No prolongue su agonía.

Entre en estas palabras y convenga con lo que Dios dice. Usted ya ha vencido, esta no es su lucha. Jesús luchó por usted y gracias a Dios, venció. Usted puede experimentarlo *"porque todo lo que es nacido de Dios vence al mundo"* ¡Alabado sea el Nombre del Señor!

La autoridad de las palabras

Regresemos al capítulo 12 de Mateo y leamos el versículo 36 en el cual Jesús esta hablando. Nadie hablaba con más autoridad que Él. Gracias a Dios, cuando Jesús hablaba, sus palabras eran significativas; Él hacía significar todo lo que decía y hablaba lo que consideraba significativo. Nunca habló tonterías, antes dijo: *"Mas yo os digo que toda palabra ociosa que hablen los hombres, de ella darán cuenta en el día del juicio"*. Palabras ociosas son aquellas sin función, sin efectividad. Así, cada palabra que usted usa, si no tiene un fin bueno, dará cuenta de usted el día del juicio.

Cuando noté eso, dije: "Voy a comenzar a cuidar mis palabras". Había estado diciendo muchas de esas palabras ociosas, las cuales estaban trabajando contra mí.

Si las palabras no obran a su favor, usted tendrá que dar cuenta por ellas.

Alguien dice: "¿Cómo va a ser eso?"

Algunas personas van a llegar ante el trono del juicio de Cristo a recibir su premio, pero el Señor les va a decir: "Veamos, aquí está lo que hubieras podido tener". Después va a decir: "Aquí está lo que tienes".

¿Se ha preguntado cuántas lágrimas van a salir de aquellos que merezcan cien azotes?

Al ver lo que hubieran podido tener y lo que en realidad tuvieron, van a decir: "Pero Señor, no hubiera podido hacer todo eso".

"Mira, si hubieras ofrendado para este misionero, más almas hubieran podido ser salvas".

"Señor, no tenía plata. No tenía para darla, no pude. No pude dar como quise. Nunca tuve suficiente en mis manos como para dar algo".

"Esas palabras son el mismo problema que tuviste en la Tierra. Estuviste conviniendo con el diablo. Es cierto, no tuviste dinero".

Entonces, Él les mostrará a alguien y dirá: "He aquí un hombre que tampoco tenía dinero, pero que dijo: Mi Dios suplirá todas mis necesidades según sus riquezas en gloria; por tanto, confieso que tengo abundancia. Nada me falta. Tengo lo necesario de todas las cosas, la Palabra así lo dice. Gracias, Padre, por eso. Por lo tanto doy en fe, y Padre, tu harás que todo venga a mí en el Nombre de Jesús". Por haber conseguido lo que dijo, he aquí su recompensa, utilizó sus palabras sabiamente.

"Si hubieras dicho lo que yo digo, tendrías una mejor recompensa, pero dijiste lo que el diablo decía. No perdiste tu alma pero perdiste tu premio".

Justificado o condenado por las palabras

Las palabras obran a su favor o en su contra. Usted va a ser justificado o condenado por las palabras de su boca. Mateo 12:37 dice *"Por que por tus palabras serás justificado, y por tus palabras serás condenado"*.

En realidad, no está hablando de condenarlo al infierno. Habla de las cosas que usted puede tener en esta vida y de las recompensas del cielo.

Necesitamos cuidar lo que decimos, poner guardia a nuestra boca.

En el tercer capitulo de Romanos, versículos 3 y 4 la Palabra dice: *"¿Pues qué, si algunos de ellos han sido incrédulos? ¿Su incredulidad habrá hecho nula la fidelidad de Dios? De ninguna manera; antes bien sea Dios veraz, y todo hombre mentiroso; como está escrito: Para que seas justificado en tus palabras y venzas cuando fueres juzgado"*.

Es decir, si alguien viene incrédulo y dice: "No creo que esta vez dé resultado", Dios será veraz, y el hombre mentiroso. "Para que seas justificado en tus palabras y venzas cuando fueres juzgado".

Cuando usted llegue al cielo va a ser juzgado sobre la base de a quién cree, a Dios o al hombre.

El hombre dice: "La situación empeora, no puedes hacer eso". Pero, en mi opinión, no solo el mundo habla de esa forma. Hay algunos cristianos de los cuales a veces pienso que han sido rociados con temor, amasados con la duda, rellenos de incredulidad y aislados de la Palabra de Dios. Creen en todo menos en la Palabra. Algunos se tragan la mentira más grande del enemigo, pero no creen la verdad más sencilla de Dios.

Dicen: "Ah, sí, hermano; yo creo que eso está en la Biblia, pero es que usted no entiende".

Sí, yo entiendo. La Palabra de Dios dice que estos principios de fe sirven, pero ellos dicen que no.

"Usted no entiende, todavía me duele."

"Pero la Biblia dice que está sano!"

No malinterprete lo que estoy afirmando. No niego que el dolor exista, tampoco niego la existencia de la enfermedad, pero les niego el derecho a continuar en mi cuerpo. Los sentimientos cambian, la Palabra no cambia. Si usted no se siente sanado, vaya a la Palabra y saque de ella algunos sentimientos, la Palabra en su espíritu cambiará los sentimientos físicos.

La palabra trae salud

Proverbios 4:20-22 dice: " ... *La palabra es medicina a todo el cuerpo*". Es medicina para el cuerpo físico.

"Si alguien no cree lo que usted dice concerniente a la sanidad del cuerpo, o a la satisfacción de necesidades económicas, ¿esa incredulidad hará nula la obra de Dios?"

Quiera Dios que eso nunca suceda. Sea todo hombre mentiroso, y la Palabra de Dios probadamente veraz, para que la fe de buena calidad, la que habla, permita ser justificada en las palabras.

La confesión de la palabra

En Mateo 10:32 dice: "*A cualquiera, pues, que me confiese delante de los hombres, yo también le confesaré delante de mi Padre que está en los cielos*".

¿Qué dice?

"*Confesaré delante del Padre a aquellos que me confiesen delante de los hombres*".

Juan 1:1 "*En el principio era el Verbo, y el Verbo era con Dios, y el Verbo era Dios*". Jesús y su Palabra son lo mismo, no se les puede separar. Eso implica que si usted está confesando a Jesús, está confesando la Palabra. Jesús es la palabra viva de

Dios. *"Si confiesas mi palabra delante de los hombres, te confesare delante del Padre, quien está en los cielos"*.

En el griego podría leerse: " ... entonces le daré una entrevista con el Padre". ¡Alabado sea Dios!

En 1 Juan 5:15 dice: *"Y si sabemos que él nos oye en cualquiera cosa que pidamos, sabemos que tenemos las peticiones que le hayamos hecho"*. Es decir, si usted consigue una audiencia con el Padre, sus oraciones serán contestadas. Jesús dice: *"Si me confiesas delante de los hombres"*. Confiese su Palabra delante de los hombres y tendría una entrevista con el Padre.

A veces hemos confesado: "No sé qué hacer. No servirá, no creo que vaya a dar resultado" y de esta manera hemos orado nuestra necesidad creyendo en la incredulidad, y perdido la entrevista con el Padre.

¿Sabía usted que se puede creer en la incredulidad?

Algunas personas, de hecho, lo hacen. Lo hacen cuando dicen: "No puedo hacer lo que la Palabra dice que puedo hacer". Pero la Palabra dice: "Quien ha nacido de Dios vence al mundo". Usted ha vencido porque el Todopoderoso habita en usted por su Espíritu. Si niega eso, está en incredulidad al depositar su fe en una afirmación negativa: "No puedo, no soy capaz".

Jesús dijo: *"Y a cualquiera que me niegue delante de los hombres, yo también le negare delante de mi Padre que está en los cielos"* (Mateo 10:33). Podemos ser negados por Él.

Usted puede conocer a Jesús el intercesor. Él está intercediendo por nosotros como "... sumo sacerdote de nuestra profesión" (confesión) Hebreos 3:1. Significa que Jesús confiesa al Padre lo que decimos en tanto que esto esté de acuerdo con la Palabra. O sea, "Si confiesas mi palabra delante de los hombres, confesaré lo que digas delante del Padre". Si oras de acuerdo con la Palabra cuidaré que llegue al Padre. "Tendrás una entrevista con Él". Entonces usted hará que su oración sea contestada. "Pero si no confiesas, te negaré delante del Padre". Su oración no será transferida a Él.

Cuando usted ore: "Señor, he orado y no está dando resultado", hace una declaración de incredulidad, y si ha depositado fe en esa incredulidad Jesús no va a ir al Padre a decir: "Padre, él ha orado, pero no le está dando resultado".

Sería contrario a la Palabra de Dios. ¿Puede darse cuenta de que Jesús negará su oración delante del Padre si ora de esa forma? Olvide esa oración, nunca llegará al cielo.

La Palabra de Dios es sabiduría

Encontramos en el libro de los Proverbios que hay algunas cosas con las cuales hemos tropezado. No las hemos mirado quizá porque están en el Antiguo Testamento, y muchas veces la gente dice: "El Antiguo Testamento es apenas historia", pero Salomón, el hombre más sabio que viviera hasta Jesús, las escribió. En los Proverbios dice: "*Hijo mío, está atento a mis palabras; inclina tu oído a mis razones. No se aparten de tus ojos, guárdalas en medio de tu corazón; porque son vida a los que las hallan, y medicina a todo su cuerpo. Sobre toda cosa guardada, guarda tu corazón; porque de él mana la vida*" (Proverbios 4:20-23). "Guarda tu espíritu con toda tu diligencia, porque de él mana la vida".

La Palabra "corazón" se refiere al centro del ser humano, su espíritu.

El escritor de los Proverbios, inspirado por el Espíritu Santo, dice aquí lo mismo que Jesús: "Las cosas buenas salen del corazón", o sea del espíritu.

El versículo 24 dice: "*Aparta de tí la perversidad de la boca, y aleja de ti la iniquidad de los labios*". Aparte de usted el hablar contrario a lo que la Palabra dice, porque la Palabra es la sabiduría de Dios.

La Palabra de Dios es su sabiduría. l Corintios 1:30 dice que es perversidad de la boca y hablar contrario a la Palabra el decir: "No está funcionando. Oré, pero no ha servido".

Cuide su lenguaje

"Te has enlazado con las palabras de tu boca" (Proverbios 6:2) Entienda esto: las palabras obran. Obrarán para usted así como obraron para Jesús. Las palabras están obrando a su favor o en su contra, sea que usted se de cuenta o no.

Antes de proseguir, voy a mostrar un ejemplo. Escuché decir en oración: "Estoy tan nerviosa. No se por qué estoy tan nerviosa". Yo le garantizo que si usted hubiera estado en casa de esta persona, la hubiera escuchado decir, no menos de diez veces al día: "Estos niños me ponen tan nerviosa que me van a volver loca".

Jesús dijo que usted puede tener lo que dice.

Hemos programado nuestro vocabulario con el lenguaje del diablo. Hemos traído enfermedad y malestar a nuestro vocabulario, e incluso muerte. "Muerte" es la palabra principal que mucha gente usa para expresarse.

"Me voy a morir si no hago tal cosa." "Eso me va a matar con la molestia que me cause."

Lo anterior es palabra perversa. Es contraria a la Palabra de Dios. La muerte es del diablo *"Así que, por cuanto los hijos participaron de carne y sangre, él también participo de lo mismo, para destruir por medio de la muerte al que tenía imperio de la muerte, esto es, al diablo"* (Hebreos 2:14). *"Y la muerte y el Hades fueron lanzados al lago de fuego. Esta es la muerte segunda"* (Apocalipsis 20:14). Necesitamos no juguetear con la muerte, todos los hombres van a morir tarde o temprano, así que no se anticipe.

Adán fue un poco más listo en cuanto a esto, ya que al diablo le tomo 900 años matarlo, pero ahora Satanás ha programado en tal forma su lenguaje en la raza humana que la gente puede matarse a los 70 años, o en menos, con el hablar del diablo: "Eso me va a matar"; es hablar en contra de la Palabra de Dios.

Necesitamos tener en cuenta lo que la Palabra dice sobre la boca y la lengua: *"Manantial de vida es la boca del justo ..."*

(Proverbios 10:11), los versículos 21 y 24 del mismo capítulo dicen: *"Los labios del justo apacientan a muchos, mas los necios mueren por falta de entendimiento. Lo que el impío teme, eso le vendrá: pero a los justos les será dado lo que desean"*.

Las cosas que usted tema, le vendrán. El temor activa a Satanás.

Job activó al diablo con su temor: *" ... Y me ha acontecido lo que yo temía"* (Job 3:25).

La fe activa en la Palabra trae a Dios a la escena.

El temor trae a Satanás.

"La boca del justo producirá sabiduría; mas la lengua perversa será cortada. Los labios del justo saben hablar lo que agrada" (Proverbios 10:31-32).

Los labios del justo saben lo que agrada.

¿Qué es agradable en su habla?

Lo que Dios dice. En efecto, usted lo notará cuando comience a citar lo que Dios dice, así como Dios lo dice. Si usted habla en fe, lo agradable saldrá de su corazón, como si Dios hablara, y la Palabra obrará para usted así como obró para Él si programa su espíritu con ella, y la cree de todo corazón y no duda. Pero crea lo que está diciendo que va a suceder. Es más que hablar: las palabras deben proceder del hombre interior, desde donde el poder del espíritu actúa.

En Proverbios 11:11 dice: *"Por la bendición de los rectos la ciudad será engrandecida; más por la boca de los impíos será trastornada"*. Los impíos han hablado contra la nación, y hasta un buen número de cristianos ha hecho la misma cosa: "¡Ah! esa mano de idiotas no sabe lo que hace".

Deberían haber dicho: "Gracias a Dios, creo que Dios puede darle a aquellas personas que dirigen el país su sabiduría para manejar sabiamente los asuntos del Estado".

Si los cristianos hicieran eso, cambiarían la situación del liderazgo político.

Algunos han comenzado a hacerlo. Y hasta cierto punto, algo pasa. Dios ha comenzado a limpiar algunas áreas problemáticas del gobierno. Dios ha sido traído a la escena por las palabras llenas de fe.

Comience a decir: "Gracias a Dios, los líderes de este país tienen sabiduría de Dios". Ore por ellos diariamente: "Padre, dales sabiduría tuya para manejar sabiamente los asuntos de la vida nacional".

"Las palabras de los impíos son asechanzas para derramar sangre; más la boca de los rectos los librará" (Proverbios 12:6).

¿Quién los librara?

La boca de los rectos.

La liberación está tan cerca como su boca.

La boca contiene la lengua que controla la fe y el temor.

Las palabras producen según su especie.

Necesitamos entender que cuando decimos lo que Dios dice, el diablo se da cuenta.

Dijo Dios a Josué: *"Nunca se apartará de tu boca este libro de la ley, sino que de día y de noche meditarás en él, para que guardes y hagas conforme a todo lo que en él está escrito; porque entonces harás prosperar tu camino, y todo te saldrá bien"* (Josué 1:8).

Siempre hemos pensado que Dios iba a lograr la prosperidad de Josué, pero Dios dijo: "Si haces mi palabra, yo cuidaré que se cumpla, ya lo habrás logrado".

Usted también puede experimentarlo.

En alguna oportunidad oré: "Padre, haz que esto prospere", pero no oraba de acuerdo con la Palabra. Él me dijo: "Tú haces mi palabra, yo la prospero. Así habrás hecho próspero tu camino".

Escoja palabras de vida

"El hombre será saciado del bien del fruto de su boca ..." (Proverbios 12:14). El fruto de su boca será el que su boca seguirá produciendo, satisfacción o desilusión. Y las palabras deben saciarlo de bien. El versículo 17 del mismo capítulo dice: *"El que habla verdad declara justicia ..."*

¿Qué es la verdad?

La Palabra de Dios es verdad, y declara justicia. *"Hay hombres cuyas palabras son como golpes de espada; mas la lengua de los sabios es medicina"* (Proverbios 12:18).

Es sorprendente, que haya personas cuyo hablar sea golpes, heridas o daño; personas que se hagan incluso daño a sí mismas. Pueden desear algo de Dios, pero espiritualmente se cortan cuando dicen: "No soy digno. Ay, no puedo lograr que mis oraciones sean contestadas". "No sé por qué el Señor no me sana".

Es sorprendente que haya creyentes que usan su lengua para destruir su fe, que usan el poder recibido de Dios para mantenerse a sí mismos atados.

Dios le dio a usted el poder de usar su lengua para crear una vida mejor a través de las palabras llenas de fe. Usted escoge si las habla o no.

"Y te hará Jehová tu Dios abundar en toda obra de tus manos, en el fruto de tu vientre, en el fruto de tu bestia, y en el fruto de tu tierra, para bien; porque Jehová volverá a gozarse sobre ti para bien, de la manera que se gozó sobre tus padres, cuando obedecieres a la voz de Jehová tu Dios con todo tu corazón y con toda tu alma.

Porque este mandamiento que yo te ordeno hoy no es demasiado difícil para ti, ni esta lejos. No está en el cielo, para que digas: ¿Quién subirá por nosotros al cielo, y nos lo traerá y nos lo hará oír para que lo cumplamos? Ni está al otro lado del mar, para que digas: ¿Quien pasara por nosotros el mar, para que nos lo traiga, y nos lo haga oír, a fin de que lo cumplamos? Porque muy cerca de ti está la palabra, en tu boca y en tu corazón, para que la cumplas. Mira, yo he puesto delante de ti hoy la vida y el bien, la muerte y el mal; porque yo te mando hoy que ames a Jehová tu Dios, que andes en sus caminos, y guardes sus mandamientos, sus estatutos y sus decretos, para que vivas y seas multiplicado, y Jehová tu Dios te bendiga en la tierra a la cual entras para tomar posesión de ella. Mas si tu corazón se apartare y no oyeres, y te dejares extraviar y te inclinares a dioses ajenos y les sirvieres, yo os protesto hoy que de cierto pereceréis; no prolongareis vuestros días sobre la tierra adonde vas, pasando el Jordán, para entrar en posesión de ella. A los cielos y a la tierra llamo por testigos hoy contra vosotros, que os he puesto delante la vida y la muerte, la bendición y la maldición; escoge, pues, la vida, para que vivas tú y tu descendencia" (Deuteronomio 30:9-19).

La lengua de los sabios

"La lengua de los sabios es medicina".

¡Alabado sea Dios! ¡Los sabios hablan salud, hablan vida! *"Ninguna adversidad acontecerá al justo; mas los impíos serán colmados de males"* (Proverbios 12:21). El justo conoce lo agradable y habla la Palabra de Dios para que esto se dé.

"Díganlo los redimidos de Jehová, los que ha redimido del poder del enemigo" (Salmo 107:2).

Por hablar la Palabra de Dios frente a una aparente derrota, el Espíritu Santo después dijo a los creyentes: *"Y el Dios de paz aplastará en breve a Satanás bajo vuestros pies"* (Romanos 16:20).

"Del fruto de su boca el hombre comerá el bien ..." (Proverbios 13:2). Incluso la canasta familiar cambiará, será el fruto de su boca. Al decir "vivirá" no deja lugar a dudas.

"Ay, no podemos adquirir eso que necesitamos, no puedo ganar suficiente dinero."

¿Se ha dado cuenta de que Jesús vino para que usted tuviera vida en abundancia?

"Sí, pero usted no entiende, no tengo dinero".

Al mismo tiempo hay que recordar que el ladrón vino para hurtar, matar y destruir. Pero Jesús dijo: *"Yo he venido para que tengan vida, y para que la tengan en abundancia"* (Juan 10:10). El ladrón viene a robar sus recursos económicos, matar su fe y destruir su salud. Jesús vino para deshacer la obra del diablo. 1

Juan 3:8 dice: " ... *Para esto apareció el Hijo de Dios, para deshacer las obras del diablo*".

Gálatas 3:13-14 nos dice: "*Cristo nos redimió de la maldición de la ley, hecho por nosotros maldición (...) para que en Cristo Jesús la bendición de Abraham alcanzase a los gentiles ...*".

Encontramos en Deuteronomio, capítulos del 28 al 30, que la maldición de la ley presenta tres aspectos: pobreza, enfermedad y muerte espiritual. La pobreza era parte de la maldición y Cristo nos redimió de ella. Ahora, si usted no se siente redimido de la pobreza, puede incluso no lucir como si si lo estuviera, pero la Palabra dice que usted sí esta redimido de la pobreza. Sea, pues lo suficientemente listo para convenir con Dios, y no cite la palabra del diablo.

Si Dios dice que deberíamos tener abundancia, póngase de acuerdo con Él. "*Amado, yo deseo que tú seas prosperado en todas las cosas, y que tengas salud, así como prospera tu alma*" (3 Juan 2).

Si va a tener abundancia o no, es cuestión de Dios.

En tanto que usted diga lo que Dios dice y haga lo que Él dice que haga, estará haciendo su parte y podrá descansar seguro de que Dios hará su parte. Ahora, no digo que vaya a hacer cheques por cualquier suma. No estoy diciéndole que viva por encima de sus recursos, sino que hable la Palabra de Dios hasta que esta lleve sus recursos hasta el punto deseado por usted.

Santiago 1:22 dice: "*Pero sed hacedores de la palabra, y no tan solamente oidores, engañados a vosotros mismos. Porque si alguno es oidor de la palabra pero no hacedor de ella, este es semejante al hombre que considera en un espejo su rostro natural. Porque él se considera a sí mismo, se va, y luego olvida cómo era. Más el que mira atentamente en la perfecta fe, la de la libertad, y persevere en ella, no siendo oidor olvidadizo, sino hacedor de la obra, este será bienaventurado en lo que hace. Si alguno se cree religioso entre vosotros, y no refrena su lengua, sino que engaña su corazón, la religión del tal es vana*".

Quienes parezcan religiosos, por más que hablen con cierto

tono religioso, si no controlan su lengua, destruyen todo lo que dicen creer.

Usted puede decir que cree en la Biblia, pero si no controla su lengua, hará que la Palabra de Dios sea ineficaz en cuanto a usted concierne, como si no existiera. El diablo vendrá y lo pisoteará a usted, mientras el control de sus palabras sea del diablo.

Usted necesita saber lo que la Palabra de Dios dice sobre usted.

Propóngase conocer lo que el Nuevo Pacto (contrato) dice sobre usted.

Si desea andar en vida y en abundancia , comience a decir lo que la Palabra dice.

Confiese ahora, diga "Perfeccionará todo lo que me concierne".

Si usted se cree religioso y no refrena su lengua, sino que engaña su corazón, su religión es vacía.

Cuide sus palabras.

Escoja palabras de vida y salud.

capítulo 7

La Palabra de Dios es verdad

"*¿Pues qué, si algunos de ellos han sido incrédulos? ¿Su incredulidad habrá hecho nula la fidelidad de Dios? De ninguna manera; antes bien sea Dios veráz, y todo hombre mentiroso ...*" (Romanos 3:3-4).

Proverbios 13:13 dice: "*El que menosprecia el precepto perecerá por ello ...*". Perecerá por haber rechazado la verdad.

La verdad es la fuerza estabilizadora de la vida.

La Palabra de Dios es verdad. Jesús dijo: "*... si vosotros permaneciereis en mi palabra, seréis verdaderamente mis discípulos; y conoceréis la verdad, y la verdad os hará libres*" (Juan 8:31-32). Jesús también dijo en Juan 6:33 "*... Las palabras que yo os he hablado son espíritu y son vida*". Jesús habló Palabras espirituales y ellas llegaron a ser fuerzas estabilizadoras de la vida. Jesús habló solo lo que había oído decir al Padre. Dijo en Juan 5:30: "*No puedo yo hacer nada por mí mismo; según oigo, así juzgo; y mi juicio es justo, porque no busco mi voluntad, sino la voluntad del que me envió, la del Padre*".

Jesús habló la Palabra del Padre continuamente. Él estaba fundamentado en que esta era Palabra de Dios. Y venció al mundo, a la carne y al diablo con la Palabra hablada. *"Estas cosas os he hablado para que en mí tengáis paz. En el mundo tendréis aflicción; pero confiad, yo he vencido al mundo"* (Juan 16:33). En Mateo, los versículos 4, 7 y 10 del capítulo 4 nos dicen que Jesús utilizó contra el diablo únicamente la palabra hablada. Habló la palabra escrita: *Está escrito*. Gracias a Dios, todavía hoy "está escrito". Sin embargo, en forma de libro, la Palabra no tiene poder, sino hasta ser leída o hablada por alguien.

En el evangelio de Lucas, capítulo 6, comenzando en el versículo 46 dice: *"¿Por qué me llamáis Señor, Señor, y no haceis lo que yo digo? Todo aquel que viene a mi, y oye mis palabras y las hace, os indicaré a quién es semejante"*. Y después Jesús explica cuán importante es practicar la Palabra, cuán importante es ser hacedor de la misma. *"Semejante es al hombre que al edificar una casa, cavó y ahondó y puso el fundamento sobre la roca; y cuando vino una inundación, el río dio con ímpetu contra aquella casa, pero no la pudo mover, porque estaba fundada sobre la roca"*.

Este hombre cavó y ahondó y puso el fundamento sobre algo ya establecido, inconmovible: la Palabra de Dios. Fundamentó su vida sobre esa roca. A pesar del ímpetu con que dieron contra él, ni el río ni la inundación lo movieron.

Las circunstancias no moverán al hombre que crea la Palabra. El Salmo 112:7 nos dice: *"No tendrá temor de males noticias; su corazón está firme, confiado en Jehova"*.

Sin embargo, Lucas, capítulo 6, versículo 49 dice: *"Mas el que oyó y no hizo, semejante es al hombre que edificó su casa sobre la tierra, sin fundamento; contra la cual el río dio con ímpetu, y luego cayó, y fue grande la ruina de aquella casa"*.

¿Qué causó la ruina de este hombre?

No fue ni el río ni la inundación. En realidad, nada tuvieron que ver con la inundación. Este hombre escuchó la misma palabra, mas no basó su vida en ella. No hizo caso de la palabra y sufrió innecesariamente de gran pérdida.

Note que no dice que el primero fue salvo y que el segundo no. Indica que ambos vinieron a Dios, y ambos escucharon la misma palabra.

Hoy en día muchos nacen de nuevo y escuchan la Palabra, pero escuchar la Palabra no es el fundamento del cual hablan los anteriores versiculos. Hacer la Palabra es el fundamento que hizo del primer hombre alguien exitoso en la vida.

"Mi pueblo fue destruido porque le faltó conocimiento. Por cuanto desechaste el conocimiento, yo te echare ..." (Oseas 4:6) La Palabra de Dios es el único conocimiento verdadero, hará de usted alguien estable aun en medio de las tormentas de la vida.

Hablar la Palabra de Dios traera a Dios a la escena. *"Tengo mi atención en mi palabra para ponerla por obra"* (Jeremías 1:12).

Desdenar, rechazar, o aún diferir la Palabra de Dios abre la puerta a Satanás. Desdenar la Palabra es invitar la ruina.

"El bueno dejará herederos a los hijos de sus hijos; pero la riqueza del pecador está guardada para el justo" (Proverbios 13:22).

¿Había leido antes esa Escritura?

" ... Pero la riqueza del pecador esta guardada para el justo", y comienza a cambiar de manos. Cuando usted y yo comenzamos a actuar sobre la Palabra de Dios, cuando hacemos que nuestras palabras vayan detrás de la Palabra, veremos a Dios moverse a favor de nosotros.

Pero hemos dicho: "Ay, parace que los impíos prosperan".

Decirlo es una razón para que prosperen. "Ellos pueden hacer cualquier cosa, y esta prospera".

Eso es fe en la prosperidad de los impíos. Las palabras del creyente son poderosas cuando se hablan en fe. Jesús dijo que nada sería imposible a quien creyera.

Demasiadas veces hemos tenido más fe en la prosperidad de los impíos, que confianza en que Dios nos situará adelante, y tal cosa no es bíblica.

"Con justicia serás adornada; estarás lejos de opresion, porque no temerás, y de temor, porque no se acercará a ti. Si alguno

conspirare contra ti, lo hará sin mi; el que contra ti conspirare, delante de ti caerá (...). Ninguna arma forjada contra ti prosperara, y condenarás toda lengua que se levante contra ti en juicio. Esta es la herencia de los siervos de Jehova, y su salvación de mi vendrá, dijo Jehova" (Isaias 54:14-15,17).

Haga suya esta confesión: Ninguna arma forjada contra mi prosperará.

"Bienaventurado el varón que no anduvo en consejos de malos, ni estuvo en camino de pecadores, ni en silla de escarnecedores se ha sentado; sino que en la ley de Jehova está su delicia, y en su ley medita de día y de noche. Será como árbol plantado junto a corrientes de aguas, que da su fruto en su tiempo, y su hoja no cae; y todo lo que hace, prosperará" (Salmo 1:1-3).

Note que la Palabra dice que todo lo que usted haga prosperará. No dice que cualquier cosa que el impío haga. Los versiculos 4 y 5 del mismo capítulo dicen: *"No así los malos, que son como el tamo que arrebata el viento. Por lo tanto, no se levantaran los malos en el juicio, ni los pecadores en la congregación de los justos"*. De esta manera, es contrario a la Palabra de Dios afirmar que los impíos prosperan y el creyente sufre necesidad.

Aprenda a establecer la Palabra en forma de confesión. Antes de proseguir la lecture de este libro confiese: ninguna arma forjada contra mi prosperará, sino que todo lo que yo haga prosperará. Dígalo de nuevo, en voz alta. Deje que las Palabras de Dios penetren su espiritu. *"Mi Dios, pues, suplirá todo lo que os falta conforme a sus riquezas en gloria en Cristo Jesús"* (Filipenses 4:19).

Comience poniéndose de acuerdo con la Palabra

Comience conviniendo con la Palabra en que su prosperidad es segura; fisicamente, espiritualmente y financieramente. La tercera epistola de Juan, en el versículo 2 dice: *"Amado, yo deseo que tú seas prosperado en todas las cosas, y que tengas salud, así como prospera tu alma"*.

Ahora, no comience orando para que los impíos pierdan todo lo que tienen, eso le causaría problemas. Sencillamente comience confesando: gracias a Dios, la riqueza de los pecadores está guardada para el justo. Gracias a Dios, soy justo, y conseguiré mi parte, al actuar sobre la Palabra.

Los impíos no actuan sobre la Palabra, y Dios dice que serán cortados. Su nombre desaparacerá, y no será más hallado.

"En la boca del necio está la vara de la soberbia; mas los labios de los sabios los guardarán" (Proverbios 14:3).

Los labios del sabio lo guardaran en medio de las crisis economicas. Lo guardarán cuando se diga que hay recesión o depresión económica. Sus labios lo guardarán si confiesa lo que la Palabra dice, si actúa sobre ella.

Poder creador

"La lengua de los sabios adornará la sabiduría" (Proverbios 15:2). Debemos usar bien el conocimiento que tenemos. La lengua de los sabios utiliza el conocimiento, es la lengua la que hace buen uso del mismo. *"La lengua apacible es arbol de vida ..."* (Proverbios 15:4). Tal lengua traerá sanidad como una planta medicinal; la lengua apacible tiene poder creador.

El versículo 13 dice: *"El corazón alegre hermosea el rostro; mas por el dolor del corazón el espíritu se abate"*.

"Oh, Dios, quiero ser sanado, por favor, sáname. Por favor, sáname". Así he visto personas que lloran cuando oran. A veces les he llamado la atención y les he dicho: "Espere un momento, sonría un poco porque vamos a orar y *Dios* va a sanar. ¿Por qué estar con el corazón abatido?"

La verdadera razón por la cual tal gente ruega de esta forma es su incredulidad para creer que recibirán. Muchas lágrimas vertidas en los tiempos de oración son de autolástima, y la autolástima añade solo una cosa: fe en el poder del diablo para hacer que la enfermedad y el malestar se enseñoreen del individuo.

En enero de 1975, en cierta reunión, la Palabra de Señor vino a mí diciendo: "Las lágrimas de autolástima son una forma sutil de incredulidad. No seas engañado por ellas. Ven a mi Palabra, apóyate en ella; entonces aprenderás a expresar tu fe por medio de la risa, y entonces de cierto te volverás al enemigo, en frente de la adversidad, y reirás".

"Por el dolor del corazón el espíritu se abate", pero hemos orado muchas veces: "Oh Señor, quebrántame, quebrántame".

Dios no desea que usted esté abatido. Él quiere que actúe sobre la Palabra.

En el versículo 15 dice: *"Todos los días del afligido son difíciles; más el de corazón contento tiene un banquete continuo"*.

Gracias a Dios, el de corazón alegre tiene una fiesta continua. Desde que descubrí esto, reí al saber que viviría para siempre; ¡la risa es una fiesta!

La Palabra dice que Él aderezará mesa delante de usted en presencia de sus enemigos (Salmo 23:5).

Alguien dice: "Cuando vayamos al cielo, vamos a sentarnos a la mesa en ese banquete".

Pues ¡no habra enemigos en el cielo! La Palabra se refiere a la vida aquí en la Tierra. Muchos cristianos esperan ese banquete para despues de la muerte pero, alabado sea Dios, usted puede tenerlo ahora, ¡aquí en la Tierra!

De hecho, estoy convencido de que la única cosa que no se puede tener en esta Tierra es un cuerpo glorificado. Es posible tener el Reino y sus beneficios, aquí en la Tierra. La Biblia dice: *"Porque a vuestro Padre le ha placido daros el reino"* (Lucas 12:32). El Padre se ha deleitado en darnos el reino. El reino de Dios está en el creyente, y las cosas buenas salen del corazón.

¿Dónde está el Reino?

En el corazón . *"De la abundancia del corazón habla la boca"* (Mateo 12:34). Por eso las cosas buenas vienen, en forma de palabras habladas, desde el corazón.

Las palabras son su poder

Está en sus manos permitir que el poder de Dios obre.

Comience a decir: El poder de Dios está en mí para ponerme en alto. Mayor es quien está en mí que quien está en el mundo. Estoy fortalecido, de acuerdo con la Palabra de Dios. Agradezco a Dios porque su poder está presente en mí. Delante de los demonios, delante de la enfermedad y del malestar no tengo temor, porque el poder de Dios está presente dentro de mí, por las palabras de mi boca, y por la Palabra de Dios. ¡Alabado sea el Señor!

"El hombre se alegra con la respuesta de su boca" (Proverbios 15:23).

Las palabras pueden alegrar al hombre. La razón por la cual hay gente que ora triste, llorando y suplicante, es el haber dicho: "No creo que nunca vaya a ser sanado. Probablemente seguiré así el resto de mi vida".

Sus palabras impiden la alegría. "El diablo me ha vencido, el diablo está impidiéndome. El diablo ha hecho esto, el diablo ha hecho aquello".

¡Olvide al diablo y actúe sobre la Palabra! En l Timoteo 4:1, Pablo dice: *"Pero el Espíritu dice claramente que en los postreros tiempos algunos apostatarán de la fe, escuchando a espíritus engañadores y a doctrinas de demonios"*. Pablo señala la atención que le prestarán al diablo y a sus demonios.

Un domingo, en cierta iglesia conté las veces que se mencionó el nombre del diablo. Fue el doble de aquellas en las cuales se menciono el de Jesús. Hay que evitar eso y tomar la espada de la Palabra para hacer que el diablo se vaya. El diablo no puede resistir la Palabra mucho tiempo, no permanecerá. Pero testificar del diablo hace que se acerque.

"El corazón del sabio hace prudente su boca, y añade gracia a sus labios" (Proverbios 16:23).

¿Qué hace que su boca sea prudente?

El corazón, dice la Palabra. No dice que sea Dios.

Ahora que usted está en el Reino, de la abundancia de su corazón hablará su boca. Por eso el corazon del sabio hace prudente su boca y añade gracia a sus labios. Por eso *"Panal de miel son los dichos suaves; suavidad al alma y medicina para los huesos"*.

Los huesos de algunas personas se han secado por causa de hablar sobre la duda y el temor, y de actuar en incredulidad, pensando en lo que está haciendo el enemigo y diciendo: "El diablo anda troy armando escándalo".

Alguien escribió un libro titulado "El diablo está vivo y le va bien en la Tierra", pero yo considero que no es cierto que le vaya tan bien. Gracias a Dios, está en apuros. Está activo, pero no está muy bien, lo digo con certeza. Tiene heridas hechas por la espada de los creyentes hiéralo usted también. Apocalipsis muestra cómo pierde terreno cada día. Deberíamos estar confesando: el enemigo está perdiendo terreno cada día.

Sin embargo, yo sé que es tan solo el título de un libro. No estoy atacando el libro, simplemente no estoy de acuerdo con el título. Al diablo no le va bien en la Tierra, aunque al observar lo que está haciendo parece que fuera así. En contraste, hay que mirar al otro lado y observar lo que Dios está haciendo.

Hoy, más que nunca antes, personas están siendo llenas del Espiritu Santo. Catolicos, metodistas, presbiterianos; gente de todas las denominaciones; en todas partes hay reuniones de oración muy concurridas.

Pero nada de esto sale en television, sino lo que el enemigo está haciendo.

Proverbios 18:4 dice: *"Aguas profundas son las palabras de la boca del hombre; y arroyo que rebosa, la fuente de la sabiduría..."*. Podría decirse que la boca del necio le causa ruina y que sus labios lo harán derrumbarse. Observe que no se trata del "impío", sino del necio.

He visto a muchos cristianos, como necios, que causan destrucción con sus bocas.

Tengo claro que el creyente es una persona peligrosa para

Satanás. Por eso el diablo cuando quiere causar problemas a la iglesia lo usa a él y no a los impíos.

Pero usted, cuando cree que lo que dice sucederá, hace que el poder creador de Dios este de su parte.

Por esa razón el diablo quiere que los cristianos hablen negativamente, para destruir, para rasgar.

Necesitamos adquirir la sabiduria de Dios que hay en el concepto del poder creador de la Palabra. Necesitamos utilizarlo sabia y adecuadamente.

"¿Pues qué, si algunos de ellos han sido incredulos? ¿Su incredulidad habrá hecho nula la fidelidad de Dios? De ninguna manera; antes sea Dios veraz, y todo hombre mentiroso..." (Romanos 3:3-4). *"El que menosprecia el precepto perecerá por ello ..."* (Proverbios 13:13).

La Palabra de Dios es verdad: *"A causa de la verdad que permanece en nosotros, y estará para siempre con nosotros"* (2 Juan 2).

El poder de la lengua

La lengua tiene poder para destruirlo a usted o para hacerlo salir adelante en la vida. De la misma boca procede la maldición o la bendición, y no siempre deben venir de la boca maldición y bendición; las palabras de Jesús son claras: "*De la abundancia del corazon habla la boca*".

Su corazón, su espíritu, está prograrnado por las palabras. La fe viene por el oír la Palabra de Dios; el temor viene por oír lo que dice el enemigo. Muchos cristianos han confesado continuamente las palabras de su enemigo, el diablo, y al afirmarlas sobre la Tierra, estas los han atado.

Pensemos por un momento que ninguna persona que esté bien de la cabeza, va a andar por ahí diciendo lo mismo que su enemigo diga; el sentido común indica que tales personas irían dirigidas contra la persona, y decir lo mismo que el enemigo sería entonces llamarse a sí mismo ladron, pecador indigno, o en fin, algo igualmente malo.

Es exactamente lo que el diablo está tratando que usted haga con sus palabras. Quiere que usted cree una imagen distorsionada, indigna, autodestructiva de sí mismo en su espíritu, a partir de las palabras surgidas de la boca del diablo, el enemigo de su alma.

Jesús nos dice en Mateo 12:35: *"El hombre, del buen tesoro del corazón saca buenas cosas..."*. Note quién, según Jesús, haría que el bien se manifestara. No dijo que Dios; es el hombre quien saca las cosas buenas, no de la cabeza sino del corazón. Es de ahí de donde viene lo malo y lo bueno. *"No lo que entra en la boca contamina al hombre; mas lo que sale de la boca, esto contamina al hombre"* (Mateo 15:11). *"Pero lo que sale de la boca, del corazón sale; y esto contamina al hombre. Porque del corazón salen los malos pensamientos, los homicidios, los adulterios, las fornicaciones, los hurtos, los falsos testimonios, las blasfemias"* (Mateo 15:18-19).

Lo último que el diablo quiere que usted vea son los hechos de un espíritu renovado, he aquí algunos de ellos: usted está creado en Cristo Jesús, usted es obra de Él, no suya. *"Porque somos hechura suya, creados en Cristo Jesús para buenas obras, las cuales Dios preparó de antemano para que anduviésemos en ellas"* (Efesios 2:10). *"De modo que si alguno está en Cristo, nueva criatura es; las cosas viejas pasaron; he aquí todas son hechas nuevas"* (2 Corintios 5:17). Las cosas viejas han salido de su espíritu, concerniente a su corazón, todas las cosas han sido hechas nuevas; Jesús fue hecho pecado para que usted fuese justicia de Dios en Cristo. *"Al que no conoció pecado, por nosotros lo hizo pecado, para que nosotros fuésemos hechos justicia de Dios en él"* (2 Corintios 5:21).

Usted como creyente nacido de nuevo, es heredero de Dios, coheredero con Cristo. *"Y si hijos, también herederos; herederos de Dios y coherederos con Cristo, si es que padecemos juntamente con él, para que juntamente con él seamos glorificados"* (Romanos 8:17). Plenamente habilitado para llegar ante la presencia del Padre sin temor o condenación, usted esta libre de la ley del pecado que produce muerte espiritual. *"Ahora, pues, ninguna condenación hay para los que están en Cristo Jesús, los que no andan conforme a la came, sino conforme al Espíritu. Porque la ley del Espíritu de vida en Cristo Jesús me ha librado de la ley del pecado y de la muerte"* (Romanos 8:1-2).

Por ser hijo de Dios, usted es participante de la naturaleza Divina y está habilitado para estar en comunión con Dios.

Satanás no. Él no tiene comunión con la Deidad; es un espíritu muerto, no puede obrar en el reino de la vida de Dios así como puede el hombre. El espíritu humano renacido es la criatura más alta, es la creada para la comunión con Dios.

Las palabras del Espíritu

El espíritu del hombre no es de este mundo, es del espíritu del mundo. El poder creador del hombre se da a través de su espíritu. Cuando el hombre tiene la Palabra de Dios morando abundantemente en su corazón, y la habla en fe, habla palabras espirituales que obran en el mundo físico, el espíritu inspira vida en la Palabra de Dios y esta se convierte en sustancia viva que obra para el hombre así como lo hizo para Dios en el principio, y estas palabras espirituales dominan el mundo natural.

Jesús dijo: " *... Las palabras que yo os he hablado son espíritu y son vida"* (Juan 6:63).

Las palabras de Jesús, Palabra de Dios recibida en el espíritu, en su corazon, expresaron la fe en forma de palabras y penetraron en el espíritu de aquellos a quienes iban dirigidas.

El espíritu de estas personas escuchó y ellas actuaron desde su propio espíritu a partir de aquellas palabras espirituales: " *... Toma tu lecho y anda"* (Juan 5:8). "*...Extiende tu mano"* (Marcos 3:5). "*Joven, a ti te digo, levántate"* (Lucas 7:14). "*¡Lázaro, ven fuera!"* (Juan 11:43). Las palabras que Jesús habló verdaderamente fueron espirituales, llenas de vida.

Eran las palabras del mismo Espíritu que resucitó a Cristo de los muertos. *"Y si el Espiritu de aquel que levantó de los muertos a Jesús mora en vosotros; el que levantó de los muertos a*

Cristo Jesús vivificará también vuestros cuerpos mortales por su Espíritu que mora en vosotros" (Romanos 8:11). La Palabra puede hacer que viva el cuerpo mortal. Las Palabras del Espíritu habladas por Jesús encendieron la fe que ya residía en las personas a quienes fueron dirigidas, causaron a favor de ellas la explosión del poder de Dios. Las palabras habladas con fe pusieron en acción tal poder.

Fe para ser sanado

Recuerdo que hace unos años estaba enseñando sobre la fe. Una noche, durante el tiempo de oración, una dama vino para que le ministrara mediante la imposición de manos. Como tantas veces hago, le dije: "Hermana, levante sus manos y declare con fe lo que sucederá cuando yo imponga las manos sobre usted en el Nombre de Jesús".

Ella levantó sus manos a la altura de sus hombros y me dijo: "No las puedo levantar más".

" ¿Por qué no?"

"Por la artritis", me dijo.

Escuché decir al Espíritu de Dios: "Sí. Sí puede en el Nombre de Jesús".

Entonces la toqué en la frente y le dije: "Sí. Usted puede en el Nombre de Jesús".

Ella dijo: "Alabado sea el Señor", y al instante levantó ambas manos por encima de su cabeza.

Algunas veces hay que estimular a las personas a expresar su fe. Ella tenía fe para ser sanada, el Espíritu me lo había revelado. Pero si yo le hubiera preguntado si tenía fe para ser curada de esa enfermedad, probablemente ella hubiera dicho: "No. Si tuviera, en este momento no estaría aquí".

Quiza nadie le había dicho antes que podía levantar las manos, quizá la mayor parte de la gente convino en que no podía, pero la fe se atrevió a hablar y ella creyó.

Proclame con más denuedo

Una noche iba a llevar la palabra ante una reunión de hombres evangélicos del mundo de los negocios.

Antes que el servicio comenzara, alguien me llamó con una petición de oración. Un bebé acababa de nacer prematuramente, y el médico había dicho que no podría vivir, y lo había enviado a una ambulancia para que se le prestasen servicios médicos en otra ciudad. Ya el médico había dicho a la familia que el bebé moriría.

Cuando escuché la petición dije: "Ato esas palabras en el Nombre de Jesús, y digo que el bebé vivirá, y no morirá".

Mientras pasaba al frente a orar comencé a darme cuenta que íbamos a comprobar si yo, dentro de mí mismo, creía lo que decía; así que cuando me puse de pie para orar le pedí a la congregación que se pusiera de acuerdo conmigo en oración. Hice una oración sencilla: "Padre, tú dices en tu palabra; *cualquiera cosa que pidiereis en oración, creed que la recibiréis y os vendrá*", por eso rogamos por este bebé de quien los médicos dicen que morirá, yo digo en el Nombre de Jesús que el bebé vivirá y no morirá. Digo en el Nombre de Jesús que el poder de Dios fluye a ese bebé y vivirá y no morirá".

E instantaneamente mi cabeza me causó problemas, era el diablo que ponía dudas en mi mente. Decía: "Eres tonto. Vas a lucir como un idiota, porque el bebé ya esta muerto". Mi cabeza gritaba: "El bebe ya está muerto".

Pero el Señor me había hablado hacia unos meses: "Cuando los vientos secos de la duda comiencen a soplar, proclama con denuedo lo que oyes en tu espíritu, así como hablé ante la tumba de Lázaro".

Y proclamé varias veces con denuedo: "El bebé vivirá y no morirá".

Tuvimos una buena reunión esa noche. Algunas personas fueron sanadas.

Unas dos o tres semanas después recibí una carta del presidente del mencionado grupo. Lo cito: "Cuando salí esa noche de la reunión fui al hospital a ver a la familia del bebé. Fue lo más difícil que he hecho. Necesité toda la fe que tenía para decirles que el bebé viviría y no moriría; así como usted me dijo que hiciera hice. Les dije que su bebé viviría y no moriria".

Cuando leí la carta, pregunté a mi esposa si yo le había dicho a aquel hombre que fuera a hacer eso, pues no me acordaba de haberlo hecho.

Ella dijo: "No. No te oí decir eso".

Pienso que debe haber sido el Señor quien habló a su espiritu. Yo me alegro que aquel hombre hubiera actuado así, pero no fui yo quien le pidió que hiciera eso.

La familia ya estaba resignada a aceptar la muerte del niño. Pero el bebé vivió y en unos pocos días estuvo mejor.

Unos pocos dies después, el padre, quien aun no había nacido de nuevo, llevó al bebé a la iglesia y testificó de la sanidad milagrosa que Dios había realizado.

El poder de las palabras llenas de fe

Esta historia hubiera podido ser muy diferente si hubiéramos dicho: "Bueno, si es la voluntad del Señor el bebé vivirá. Si Dios no se encarga de él morira".

No. Gracias a Dios, Jesús dijo: "El creyente puede tener lo que diga".

Si es así, ¿por qué no aprender a decir lo que se desea, no lo que parace existir?

"Por tanto, os digo que todo lo que pidiereis orando, creed que lo recibireis, y os vendra" (Marcos 11:24).

Simplemente hablé con denuedo los resultados deseados en la oracion, y porque hablé con énfasis y denuedo, el poder de las palabras llenas de fe hizo que muchas personas se pusieran de acuerdo.

Jesús dijo: "*Si dos de ustedes se pusieren de acuerdo en la tierra ... les será hecho por mi Padre*".

El presidente de aquella asociacion, al decir lo que dijo ante toda la familia, probó creer la palabra; realmente creía en su corazón, así la abundancia de su corazon en fe causó que hablara aunque la familia ya se había dado por vencida.

Cuando hable con más denuedo, más personas estarán de acuerdo con usted.

Las palabras llenas de fe promueven la fe de otros

Las palabras llenas de fe mueven la fe pasiva o ponen en actividad la fe activa. Hay poder creador en accion cuando usted proclama con denuedo las cosas que están de acuerdo con la Palabra de Dios, y hace que otros expresen su fe.

La fe reside en el espíritu

Observe cuidadosamente lo que sucedió en Hechos 14:8-10: "*Y cierto hombre de Listra estaba sentado, imposibilitado de los pies, cojo de nacimiento, que jamas habia andado. Este oyo hablar a Pablo, el cual, fijando en él sus ojos, y viendo que tenia fe para ser sanado, dijo a gran voz: Levántate derecho sobre tus pies. Y él saltó, y anduvo*".

Pablo percibió por el Espiritu de Dios, que el lisiado tenía suficiente fe para recibir la sanidad.

La fe no estaba en el hombre fisico, no funciona a través de lo fisico.

Las palabras que Pablo habló eran poder creador. Eran palabras espirituales inspiradas por el Espíritu de Dios y él las habló al interior del hombre. Si hubiera estado hablando a la mente física., hubiera tenido que explicarle al lisiado, pero el espíritu del hombre alberga la fe.

Las palabras fisicas se usan para hablar al hombre fisico. Las palabras de Pablo no hubieran tenido ningún sentido si hubieran estado dirigidas al intelecto fisico, por eso habló palabras de vida espiritual, no del hombre sino de Dios: "Levántate derecho sobre tus pies".

Hubiera sido inútil decirle al hombre físico que se levantara; él nunca lo habría hecho. Su intelecto sabía que no podía andar; levantarse estaba más allá de su capacidad mental y física, por eso el poder tenía que venir de las fuerzas del hombre espiritual dentro de él. Por eso, al recibir en su espíritu las palabras: "Levántate derecho sobre tus pies", saltó y anduvo. Las palabras espirituales al llegar a su espíritu desataron poder espiritual y su cuerpo físico fue sanado.

El poder creador de las palabras del espíritu, al ser en su espíritu, produjo resultados físicos.

Hay que poner la fe en actividad

En Hechos 9:34 Pedro se dirigió a un hombre que había estado en cama por ocho años. Pedro no oró por él, tampoco, como a veces lo hacemos, le dijo que lo recordaría en oración. *"Eneas, Jesucristo te sana; levántate y haz tu cama. Y en seguida se levantó".*

Habló al espíritu del hombre. Levantarse era imposible para el hombre físico.

La lengua de Pedro formó palabras del espiritu; poder creador que encendió la fe reprimida, aquella que nunca había sido puesta en actividad. *"¿Más quieres saber, hombre vano, que la fe sin obras es muerta?"* (Santiago 2:20).

La fe que no se pone en accion es como la gasolina que no se ha encendido; no produce energía. En Santiago 3:6, la Palabra dice: *"Y la lengua es un fuego, un mundo de maldad. La lengua está puesta entre nuestros miembros, y contamina todo el cuerpo, e inflama la rueda de la creacion, y ella misma es inflamada por el infierno"*. O sea, la lengua no domada es un mundo de maldad, y el fuego que hay en la lengua es del infierno.

La humanidad natural no puede ni domar ni controlar el fuego de la lengua. Pero gracias a Dios, Jesús proveyó no solo para que la lengua fuera domada, sino también incendiada con el fuego del Espíritu Santo. *"Pero recibiréis poder cuando haya venido sobre vosotros el Espíritu Santo ..."* (Hechos 1:8); *" ... Él os bautizará con Espíritu Santo y fuego"* (Lucas 3:16); *"Y se les aparacieron lenguas repartidas, como de fuego, asenáandose sobre cada uno de ellos"* (Hechos 2:3); *"Y fueron todos llenos del Espíritu Santo y comenzaron a hablar en otras lenguas, según el Espíritu les daba que hablasen"* (Hechos 2:4).

Los hombres naturales llegan a la vida sobrenatural

Dos cosas maravillosas sucedieron a los ciento veinte el día de Pentecostés.

La primera: nacieron de nuevo. *"Respondió Jesús y le dijo: "De cierto, de cierto te digo, que el que no naciere de nuevo, no puede ver el Reino de Dios"* (Juan 3:3); los hombres naturales llegaron a ser sobrenaturales. El vino nuevo se vertió en los odres nuevos; los ciento veinte se convirtieron en hombres de la nueva creación de Dios. *"De modo que si alguno esáa en Cristo, nueva criatura es: las cosas viejas pasaron; he aquíí todas son hechas nuevas"* (2 Corintios 5:17). El hombre sobrenatural surgió, el que nunca había existido, porque *"Al que no conoció pecado, por nosotros lo hizo pecado para que nosotros fuésemos hechos justicia de Dios en él"* (2 Corintios 5:21), no eran entonces pecadores salvados por la gracia, sino nuevas criaturas en Cristo: *"Porque somos hechura suya, creados en Cristo Jesús para buenas obras, las cuales Dios prepaóo de antemano para que anduviésemos en ellas"* (Efesios 2:10), ya no totalmente sujetos a sus recursos naturales.

La Segunda: fueron bautizados con Espíritu Santo y con

fuego, según Lucas 3:16, y hablaron en otras lenguas según el Espíritu les daba que hablasen. La lengua que había sido un mal incorregible, lleno de veneno, estaba ahora inflamada por el Espíritu Santo. El Espíritu de Dios había venido a morar en el espíritu de los creyentes. *"Y yo rogaré al Padre, y os daré otro consolador, para que esté con vosotros para siempre"* (Juan 14:16).

Los hombres sobrenaturales nacen de Dios. *"Todo aquel que cree que Jesús es el Cristo, es nacido de Dios; y todo aquel que ama al que engendró, ama también al que ha sido engendrado por él. En esto conocemos que amamos a los hijos de Dios, cuando amamos a Dios, y guardamos sus mandamientos. Pues este es el amor a Dios, que guardemos sus mandamientos; y sus mandamientos no son gravosos. Porque todo lo que es nacido de Dios vence al mundo; y esta es la victoria que ha vencido al mundo, nuestra fe"* (1 Juan 5:1-4).

Los hombres que vencen al mundo tienen dominio sobre las circunstancias de la vida. Son quienes se atreven a hablar como Dios habló. Hombres con lenguas de fuego, hombres que se atreven a decir a un lisiado: "En el nombre de Jesús de Nazaret, levántate y anda" y hacen que el lisiado se ponga de pie y ande, y entre con ellos al templo, andando, saltando y alabando a Dios; como en Hechos 3:6-8.

La lengua de Pedro, ahora inflamada por el Espíritu Santo, era una fuerza creadora que ponía en actividad el poder de Dios.

La vida y la muerte están en poder de la lengua

Las palabras del creyente y la meditación de su boca deben ser agradables ante los ojos de Dios. Debemos confesar: "No permito que ninguna expresión corrompida proceda de mi boca, sino la que sea buena para edificar y ministre gracia al oyente".

"Del fruto de la boca del hombre, llenará (el hombre interior) *su vientre. Se saciará del producto de sus labios"* (Proverbios

18:20); podría también decirse: "La conciencia del hombre se forma con el fruto de su boca, y con la consecuencia de sus palabras se satisface, sea buena o mala".

Proverbios 18:21 dice: *"La muerte y la vida están en poder de la lengua, y el que la ama comerá de sus frutos"*, sean frutos de vida o muerte.

"El que guarda su boca guarda su alma" (Proverbios 13:3).

Santiago dice que la lengua es fuego, un mundo de maldad que contamina todo el cuerpo.

Puede matarlo, o permitirle ejercitar la vida de Dios que hay dentro de usted.

capítulo 9

El poder creador de Dios obrará para usted

La gran confesión

Al cristianismo se lo llama La Gran Confesión, pero la mayoría de los cristianos fracasados en la vida están derrotados por creer y confesar lo malo, por hablar la palabra del diablo; esas palabras los mantienen cautivos. Proverbios 6:2 dice: *"Te has enlazado con las palabras de tu boca"*.

Las palabras llenas de fe le darán triunfos, las de temor, derrota.

Las palabras son la cosa más poderosa del universo. Su importancia se ve desde Génesis, capítulo 1: "Hagamos al hombre a nuestra imagen", haste Apocalipsis; *"Y ellos le han vencido por medio de la sangre del Cordero y de la palabra del testimonio ..."* (Apocalipsis 12:11).

Dios creó el universo con la palabra hablada. *"Por la fe entendemos haber sido constituido el universo por la Palabra de Dios, de modo que lo que se ve fue hecho de lo que no se veía"* (Hebreos 11:3).

Génesis 1 es una copia de las palabras empleadas por Jesús para aplicar fe. Juan 1:1-3 nos dice que *"En el principio era el Verbo, y el Verbo era con Dios, y el Verbo era Dios. Este era en el principio con Dios. Todas las cosas por él fueron hechas, y sin él nada de lo que ha sido hecho fue hecho"*. La palabra estaba con Dios y la Palabra era Dios.

Una de las leyes de Génesis es que cada cosa debía producir según su especie. *"Después dijo Dios; produzca la tierra hierba verde, hierba que dé semilla; arbor de fruto que dé fruto según su género, que su semilla esté en él, sobre la tierra. Y fue así. Produjo, pues, la tierra hierba verde, hierba que da semilla según su naturaleza, y arbol que da fruto, cuya semilla está en él, según su género. Y vio Dios que era bueno"* (Genesis 1:11-12).

Así, en Génesis 1:26-28 encontramos tres de las más sorprendentes declaraciones de la Biblia:

"Hagamos al hombre a nuestra imagen y semejanza".

"Entonces creó Dios al hombre a su imagen".

"Llenad la tierra, y sojuzgadla".

Juan 4:24 dice: *"Dios es Espíritu; y los que le adoran, en espiritu y en verdad es necesario que adornr"*.

El hombre fue creado a la imagen de Dios, capaz de obrar en la misma calidad de fe. Como ser espiritual, tiene un alma que vive en un cuerpo. Génesis 2:7 nos dice que Dios hizo el cuerpo del hombre del polvo de la tierra, pero establece claramente: *"Y sopló en su nariz aliento de vida"*; vida espiritual, la misma vida de Dios, por eso el hombre es un ser espiritual capaz de obrar en el mismo nivel de fe de Dios. Leemos en Marcos 9:23: *"Jesús le dijo; si puedes creer, al que cree todo le es posible"*. Mateo 17:20 dice: *"Jesús les dijo: (...) porque de cierto os digo, que si tuviereis fe como un grano de mostaza, diréis a este monte: Pásate de aquí allá, y se pasará; y nada os será imposible"*. Marcos 11:23 dice: *"Porque de cierto os digo que cualquiera que dijere a este monte: Quítate y échate en el mar, y no dudare en su corazón, sino creyere que será hecho lo que dice, lo que diga le será hecho"*.

La ley espiritual

Lo dicho anteriormente por Jesús no es una teoría, es un hecho. Es una ley espiritual que funciona cada vez que se aplica correctamente.

Dios es un Dios de fe que anuncia lo que va a hacer, un Dios que creía su palabra. *"Respondiendo Jesús, les dijo: Tened fe en Dios"* (Marcos 11:22), lo cual podría expresarse: tengan fe de buena calidad, fe de Dios.

Efesios 5:1 nos dice claramente que imitemos a Dios así como los niños imitan a sus padres. Para imitar a Dios es necesario hablar y actuar como él, Dios no le va a pedir que haga algo que usted no pueda hacer.

Jesús mientras estuvo en la Tierra actuo con los principios de fe de Marcos 11:23 y de Mateo 17:20. Habló al viento y al mar, habló a los demonios. Habló a la higuera, incluso a los muertos.

El viento, el mar, la higuera, los demonios, aun los muertos obedecieron su Palabra.

Él obro en la fe de buena calidad.

Dios es un Dios de fe; puso fe en las palabras.

Jesús, al hablar, imitó a su Padre y obtuvo los mismos resultados que Él. En Juan 14:12 dijo: " *... El que en mí cree, las obras que yo hago, él las hará también; y aun mayores hará ..."*

Estos principios de fe están basados en leyes espirituales. Funcionan para quien quiera aplicarlos. Usted los hace funcionar con las palabras de su boca.

Fue al confesar a Jesús como Señor que usted fue salvado. *"Que si confesares con tu boca que Jesús es el Señor, y creyeres en tu corazón que Dios le levantó de los muertos, serás salvo. Porque con el corazón se cree para justicia, pero con la boca se confiesa para salvación"* (Romanos 10:9-10). Las palabras llenas de fe salidas de su boca vencieron a Satanás y crearon la realidad de la Palabra de Dios en su espíritu. Hablar la Palabra de Dios hizo que usted llegara a ser una nueva criatura que nunca antes existió.

Jesús dijo: "Todo lo que diga, será hecho".

Pero no sucederá tan solo porque usted diga.

Usted debe poner fe en las palabras que hable desde el corazón. Debe creer que lo que diga sucederá.

Esta ley funciona diariamente a su favor o en su contra.

¿Cree usted realmente que las cosas negativas que ha estado confesando sucederán? ¿Esta creyéndolas?

Si Jesús viniera a usted en persona y le dijera: "De este día en adelante sucederá que cada cosa que digas tendrá lugar exactamente como la digas", ¿cambiaría eso su vocabulario?

Creo que sí.

Atando y desatando

En Mateo 16:19 Jesús dijo: *"Y a ti te daré las llaves del reino de los cielos; y todo lo que atares en la tierra será atado en los cielos; y todo lo que desatares en la tierra será desatado en los cielos"*.

El Salmo 119:89 nos dice: *"Para siempre, oh Jehova, permanece tu palabra en los cielos"*. Lo que Dios dice es ya un hecho. Ahora le toca a usted decir. ¿Qué va a decir?

Dios no modificará lo dicho. *"No olvidaré mi pacto, ni mudaré lo que ha salido de mis labios"* (Salmo 89:34).

¿Las palabras de quién establecerá usted sobre la Tierra?

El poder de atar y desatar está en la Tierra, no en el cielo. Segun Mateo 16:19, es el creyente quien ata, y Dios, en el cielo, respalda lo dicho. Muchos cristianos han atado sus finanzas y desatado al enemigo con sus palabras. Han atado también el crecimiento espiritual al confesar el poder del enemigo para perjudicarlos; poniendo más fe en el enemigo que en el poder que Dios tiene para hacerlos vencer. No hay base bíblica para una fe así, la cual podríamos llamar incredulidad.

Vencedor del mundo

La Biblia dice: *"Porque todo lo que es nacido de Dios vence al mundo"* (1 Juan 5:4). Usted ha vencido al mundo. Confiese ahora: "He vencido al mundo porque soy nacido de Dios". Dígalo una y otra vez.

Puede ser que usted no se sienta victorioso; la Palabra no dice que se iba a sentir como tal. Pero la Palabra dice que usted ha vencido. Como se sienta, no tiene nada que ver con la veracidad de Dios. Si Él dijo que yo he vencido al mundo, entonces, gracias a Dios, es suficiente.

Yo no he vencido al mundo con mis sentimientos, o por mi apariencia; no siempre me siento victorioso, no siempre luzco victorioso. Pero gracias a Dios, porque Él dice que lo soy, lo soy. Lo confieso diariamente. Es cierto y lo sé, pero hube de confesarlo en voz alta delante de Dios el Padre, de Jesús, de los ángeles, delante de los demonios y de cualquiera que me escuchara, los meses antes que hubiera comenzado a sentir que era cierto.

El sentimiento vino solo cuando mi espíritu recibió la Palabra de Dios como autoridad final.

La Palabra de Dios lo dice; entonces lo soy, sea que lo sienta así o no.

Dios no miente.

Las palabras habladas

Las palabras habladas programan su espíritu, su corazón para el éxito o para el fracaso.

Las palabras son recipientes. Contienen fe o temor, y producen según su especie.

"Así que la fe es por el oír, y el oír, por la Palabra de Dios" (Romanos 10:17). La fe viene más prontamente cuando se escucha

a sí mismo citando, hablando y diciendo lo que Dios dice; usted recibirá más fácilmente la Palabra de Dios en su espíritu al escucharse a si mismo que al escuchar a otro decirla.

Viva en la autoridad de la palabra

El espíritu de Dios me habló con respecto a confesar su palabra en voz alta: "Donde te puedas escuchar a ti mismo diciéndola. Es una aplicación científica de la sabiduría de Dios a la estructura psicológica del hombre".

Y funciona, gracias a Dios. El cuerpo de Cristo debe comenzar a vivir la autoridad de la Palabra, porque la Palabra de Dios es poder creador. Poder creador producido por el corazón, formado por la lengua, y salido de la boca en forma de palabras.

En agosto de 1973 la Palabra del Señor llegó a mí diciendo "Si los hombres me creyeran, las oraciones largas no serían necesarias, el solo hablar la Palabra traería lo deseado. Mi poder creador es dado al hombre en forma de palabras. Por un tiempo he cesado mi obra, y le he dado al hombre el libro de mi poder creador; ese poder todavía está en mi palabra. Para que sea efectiva debe hablarse en fe. Jesús la habló cuando estuvo en la Tierra, y como obró entonces, obrará ahora. Pero debe ser hablada por el cuerpo. El hombre debe levantarse y tener dominio con sus palabras sobre el poder del mal. Mi mayor deseo es que mi pueblo adquiera una vida mejor mediante la palabra hablada, porque mi palabra no ha perdido su *poder* porque haya sido hablada una vez. Todavia hoy es igualmente poderosa, como cuando dije: 'Hagase la luz'.

"Pero para que mi palabra sea efectiva, los hombres deben hablarla, y ese poder creador vendrá a realizar lo que se ha hablado en fe.

"Mi palabra no está vacía de poder.

"Mi pueblo está sin habla. Escucha al mundo y habla como el mundo. Al observar las circunstancias han perdido de vista mi palabra. Aun habla lo que el enemigo dice, y él destruye su herencia con expresiones corrompidas por el temor y la incredulidad.

"Ninguna de las palabras está sin poder, únicamente están sin poder cuando no han sido habladas. Así como hay poder creador en mi palabra hablada, hay poder malo en las palabras del enemigo para afectar y oprimir a cualquiera que las hable.

"No os conforméis, sino transformaos en el cuerpo de la fe, sabiendo que mi palabra vive para siempre. Créela, háblala, y haz que tu gozo se cumpla. Así estarás completo en mí."

Desde que esas verdades cambiaron mi vida, nunca he sido el mismo. Usted tampoco será el mismo después de aprender los principios de fe de Marcos 11:23-24; de Mateo 17:20 y del Salmo 107:2; su confesion estará junto a la Palabra de Dios. Habrá aprendido a utilizar, por la palabra hablada, el poder de Dios que hay en usted.

Confiese victoria ante alguna aparente derrota. Confiese abundancia ante aparentes carencias.

Quiza mientras usted lee estas líneas, pueda haber necesidades apremiantes, pero nuestro Dios es poderoso y Él lo librará. Suplirá todas sus necesidades según sus riquezas en gloria, por Cristo Jesús, quien es la Palabra de Dios.

En septiembre de 1973 el Señor me habló respecto al ministerio de la ensenanza. Me dijo: "Enseña a mi pueblo a utilizar a su favor mi poder creador".

Despues, en junio de 1974 estaba enseñando sobre la fe. Mi texto había sido tomado de Marcos 11. Mientras estaba enseñando, la Palabra del Señor hizo una de las declaraciones más profundas que haste entonces había escuchado. Jesús hablaba para ser entendido, y la palabra fue tan sencilla que hubiera podido paracer tonta, pero ha cambiado muchas vidas: "Cuando recibas la Palabra de Dios, esta cambiará tus palabras".

Situémosla en el contexto en el cual fue dicha. Marcos 11:23: *"Porque de cierto os digo que cualquiera que dijere a este monte: Quítate y échate en el mar, y no dudare en su corazón, sino creyere que será hecho lo que dice, lo que diga le será hecho".*

Mientras enseñaba desde ese texto, Jesús me dijo: "He dicho a mi pueblo que pueden tener lo que digan, pero están diciendo lo que tienen".

Esa era una verdad muy sencilla, pero profunda y de mucho alcance. En tanto que usted diga lo que tiene, tendrá lo que diga; después diré de nuevo lo que tenga, y no producirá más de lo que diga. De esa forma se pone a funcionar una ley espiritual que confina al hombre a permanecer en la misma circunstancia. No mirar rnás allá de lo que el ojo físico puede ver es un problema muy viejo.

Las cosas que se ven son temporales: *"No mirando nosotros las cosas que se ven, sino las que no se ven; pues las cosas que se ven son temporales, pero las que no se ven son eternas"* (2 Corintios 4:18). La palabra "temporal" significa sujeto a cambios. Las circunstancias de la vida, la posición en ella, los problemas enfrentados son reales para el creyente porque los ve, los oye, pero gracias a Dios, el hecho de poder verlos y tocarlos significa que tales cosas están sujetas a cambios.

Una correcta aplicación de esta ley espiritual cambiará aun la situación más imposible Pero aplicar incorrectamente estas leyes lo situará a usted en la cautividad que hace que su circunstancia sea peor.

Cada principio de fe, cada ley espiritual que Dios estableció en su palabra es para su beneficio, para ayudarlo a vivir victoriosamente, no para mantenerlo rezagado ni cautivo. Pero así como Satanás ha estropeado la naturaleza para causar destrucción, tormentas e inundaciones, también ha intentado pervertir la ley de Dios, la Palabra de Dios, en las mentes y corazones de su pueblo haste el punto en que a muchos parezca que Dios es el causante de la pobreza, de la enfermedad y de los problemas de la vida.

La verdad es que, en muchos casos, el engaño de Satanás ha causado la incorrecta aplicación de ciertas leyes espirituales, lo cual ha representado la derrota de muchos en el juego de la vida.

La Palabra de Dios es ley espiritual

La Palabra de Dios siempre obra, pero obra en contra o a favor de usted, dependiendo de cómo usted la aplique.

Muchas veces la gente comienza confesando que no tendrá suficiente dinero para los gastos de la casa, tres meses antes que suceda. Confiesa la carencia y la incapacidad de conseguirlo varies veces al día hasta cuando llega el día final. Entonces, orgullosamente anuncia con lágrimas de autolástima: "Yo dije que no podría hacer los pagos. Nunca tuvimos suficiente para seguir adelante. No puedo entender por qué los vecinos prosperan en su impiedad.

Y si usted pudiera oír a los vecinos de al lado, escucharía una confesion distinta. Ellos creen y confiesan diariarnente la prosperidad, hablan prosperidad; la viven. Impios, si, pero con fe en que prosperaran. Construyen una imagen de fe dentro de sí mismos, sus palabras lo expresan.

Muchos cristianos que los escuchan piensan que simplemente estan jactándose, cuando en realidad, sencillamente creen en la prosperidad y la practican.

Jesús mismo dijo que los hijos del mundo a veces son más sabios que los hijos del reino. Impíos, sí; pero Dios no hace acepción de personas. Ellos han conocido el poder de las palabras. Muchos de ellos no saben qué las hace funcionar, solo saben que funcionan, y practican la ley espiritual.

Aprenda a poner fe en las palabras

Usted puede tener lo que diga si aprende a poner fe de todo corazón en las palabras.

Jesús dijo: "... *Y como creiste, te sea hecho*" (Mateo 8:13). No dice que será hecho si se cree lo apropiado; sea que se crea equivocadamente o no, la ley se cumple. "... *Dios no puede ser burlado; pues todo lo que el hombre sembrare, eso también segará*" (Gálatas 6:7).

La ley espiritual está basada en el mismo principio básico del tiempo de la siembra y de la siega. Las palabras que usted habla son semillas que producer según su especie; con la misma seguridad con que las siembra puede esperar la cosecha respectiva.

La semilla de fe

"*Dijeron los apóstoles al Señor: Auméntanos la fe. Entonces el Señor dijo: Si tuvierais fe como un grano de mostaza, podríais decir a este sicómoro: Desarráigate, y plántate en el mar; y os obedeceíia*" (Lucas 17:5-6).

Encontramos en la escritura anterior que Jesús habló de una semilla tan llena de fe, que podría hablar. Los apóstoles habían pedido más fe, pero Jesús no señalo su necesidad de más fe, sino de sembrar la semilla que ya tenían.

Jesús descubrió dos grandes verdades en el versiculo 6. La primera, la fe es una semilla. La segunda, la manera de sembrarla es decirla.

La fe habla. Cuando la fe habla, habla la fe, no el temor ni la incredulidad.

Jesús dijo que la fe hablaría al objeto (el sicómoro); y este obedecería. Es decir, el objeto sería obediente a las palabras; el objeto debe obedecerlo a usted.

Consideremos lo siguiente: La pobreza debe obedecerlo.

Usted dice: "No tengo dinero suficiente. Nunca podremos pagar las deudas"; y la pobreza marcha a casa detrás de usted.

Estornuda y dice: "Me estoy resfriando"; y el resfrío, obediente a sus palabras, fija el virus en su cuerpo.

"No puedo recordar nada más"; y su memoria obedece a sus palabras.

"Tengo los nervios de puma"; y su sistema nervioso obedece, porque Jesús dijo: "Lo que diga será hecho".

Ahora, de nuevo, escuchemos las palabras de Jesús: *"Si tuvierais fe como un grano de mostaza, podrías decir a este sicómoro: Desarráigate, y plántate en el mar; y os obedecería"*, es decir que se quitaría y nada será imposible para usted.

Jesús no dijo que Dios movería el árbol.

La semilla de mostaza ha de tener fe en la capacidad que reside dentro de ella, no en la vaina que la cubre. Jesús dijo: si tienes fe en la capacidad que hay dentro de ti, dirás; quítate, y el árbol, el objeto obstáculo, se quitará.

La fe es la voz de la autoridad

Las cosas conocen la voz de la autoridad. Ante ellas, la fe del creyente es la voz de la autoridad; sea cuidadoso con qué cosas autoriza que sucedan.

Jesús dijo que el creyente puede tener lo que diga. Muchos creyentes han profetizado derrota mes tras mes hasta cuando por fin llegó la cosecha y se cumplió la ley de Génesis. Derrota, carencia, impotencia, fueron los frutos cosechados en abundancia, *"Porque por tus palabras serás justificado, y por tus palabras serás condenado"* (Mateo 12:37).

Conozco a una familia que planeó un viaje al exterior, pero algunas semanas antes de la partida, la señora empezó a sembrar semillas con las palabras de su boca. En distintas ocasiones, ante muchas personas dijo: "Sé exactamente lo que va a pasar. El día de la partida, mis niños van a enfermarse". El mismo día de la salida, llegó la cosecha. Se le enfermo un niño. La escucharon que proclamaba orgullosamente: "Sabía que pasaría, ya lo había dicho". El fruto de su boca se había manifestado otra vez, pero ella se complacía en haberlo profetizado con algunas semanas de anticipación.

"El hombre será saciado del bien del fruto de su boca; y le

será pagado según la obra de sus manos" (Proverbios 12:14). *"Cierra sus ojos para pensar perversidades; mueve sus labios, efectúa el mal"* (Proverbios 16:30).

De algún modo las palabras de Jesús paracen caber aquí; *"El hombre bueno, del buen tesoro del corazón saca buenas cosas; y el hombre malo, del mal tesoro saca maaes cosas"* (Mateo 12:35). Note quién las saca; el hombre, no Dios.

Los tesoros del corazón no pueden estar ocultos; se manifiestan a través de las palabras

Aprenda a asumir en forma personal las palabras de Jesús. En Marcos 11:23 Él dice que usted puede tener lo que diga, si viene de la fe de su corazón.

¿Qué sucedería si Jesús caminara por entre las sillas de su congregación, impusiera sus manos sobre la gente y dijera: "Sucederá que después que imponga mi mano sobre cada uno de ustedes todo lo que digan sucederá como lo digan". Y media congregación saltara y dijera: "¡Eso me va a matar de risa!" y dos semanas después, usted se hallara enterrando a los muertos?

El enemigo ha programado tanto las mentes, que en vez de resistirle, hay personas que han establecido una especie de camaradería con el diablo, y han comenzado a hablar su lenguaje.

Ejercítese en hablar la Palabra de Dios

Vamos a adiestrarnos a nosotros mismos en hablar la Palabra de Dios. Efesios 5:1 nos dice: *"Sed, pues, imitadores de Dios como hijos amados"*. Vamos a imitar a Dios como un niño imita a su padre. Así, caminará como él, hablará como él, y modelará su conducta según su padre; no deberíamos hacer menos con nuestro Padre, Dios.

Jesús dijo que hacía lo que veía hacer al Padre (Juan 5:19), *"Al que oye mis palabras, y no las guarda, yo no le juzgo; porque no he venido a juzgar al mundo, sino a salvar al mundo. El que me rechaza, y no recibe mis palabras, tiene quien le juzgue; la palabra que he hablado, ella le juzgará en el día postrero. Porque yo no he hablado por mi propia cuenta; el Padre que me envío, él me dio mandamiento de lo que he de decir, y de lo que he de hablar"* (Juan 12:47-49). Según Deuteronomio 18:18-19, su Padre le había dado el mandamiento que habría de hablar. *"Y sé que su mandamiento es vida eterna. Así pues, lo que yo hablo, lo hablo como el Padre me lo ha dicho"* (Juan 12:50).

Quiero parafrasear algo de esta Escritura.

"El Padre me dio instrucciones: que lo que diga y las palabras que hable produzcan vida. Que lo que hable sea exactamente igual a lo que el Padre diga". Cuando se estudia la vida de Jesús, se encuentran algunos hechos importantes que lo hicieron vencedor, del mundo, de la carne y del demonio.

Mencionare algunos:

1. Jesús gastó mucho tiempo en oración, pero nunca oró el problema, sino la respuesta. Lo que Dios habla es la respuesta.

2. Jesús habló con precisión. Su hablar consistía en decir lo que Dios decía.

3. Siempre habló los resultados finales, no el problema. Nunca confesó las circunstancias; mencionó los resultados deseados.

4. Utilizó la Escritura para derrotar a Satanás. Por ejemplo, en Mateo 4 *"Vino a él el tentador, y le dijo: Si eres Hijo de Dios, di que estas piedras se conviertan en pan (...) Escrito está: No solo de pan vivirá el hombre"*.

" ... Y le dijo: Si eres Hijo de Dios, échate abajo (...) Entonces Jesús le dijo: Vete, Satanás, porque escrito esta: Al Señor tu

Dios adoraáas, y a él solo servirás. El diablo entonces le dejó; y he aquí vinieron ángeles y le servían".

Jesús siempre habló directamente al problema, así como a los arboles, a las tormentas, a las olas, a los demonios, a Satanás, y todos ellos le obedecieron. Contrariamente a lo que la mayoría de nosotros piensa, no le obedecieron porque fuera Hijo de Dios, sino porque era el Hijo del Hombre. Juan 5:26-27 nos dice: *"Porque como el Padre tiene vida en sí mismo, así también he dado al Hijo el tener vida en sí mismo; y también le dio autoridad de hacer juicio, por cuanto es el Hijo del hombre".* Jesús actúo como hombre sobre la autoridad de la palabra de su Padre.

La gente nacida en este mundo es la única que tiene autoridad aquí, es por eso que Dios actúa a través de los hombres.

Jesús sabía cómo actuar en la autoridad de la palabra de Dios. Se destaca muy vivamente en Mateo 4:10-11: *" ... Vete, Satanás, porque escrito está (..) el diablo entonces le dejó".*

Así, rápido, el diablo lo dejará a usted cuando hable con denuedo la Palabra escrita de Dios.

La Palabra de Dios concebida en el corazón, formada por la lengua, y hablada por la boca es poder creador.

La Palabra hablada de Dios obrará para usted, mientras la confiese continuamente.

capítulo 10

La palabra de Dios es medicina

(Así como me la dio el médico más grande)

"Está atento a mis palabras(...) porque son vida (...) y medicina a todo tu cuerpo" (Proverbios 4:20-22).

La Palabra de Dios ministra al hombre total. Su palabra, Jesús, es nuestra sabiduría, justificación, santificación y redención.

La mayoría de las personas ha utilizado sus palabras para atarse, pero empezar a hablar la Palabra desde el corazón produce libertad. Produce salud y la sanidad que la Biblia promete.

La mayoría de las personas ha hablado en forma opuesta a la Palabra. Ha dicho lo que el diablo ha dicho. Ha citado lo que el enemigo ha hablado de ella. Por lo tanto, ha establecido sobre la Tierra la palabra de Satanás.

Comenzar a establecer lo que Dios dice, a afirmar su palabra sobre la Tierra es ingresar a un nuevo nivel de fe. Es levantarse al nivel donde el creyente se abre al poder de Dios por la palabra de fe.

Las palabras de nuestras bocas pueden permitir la obra del poder de Dios en nuestro interior; hacer que su Palabra y poder

estén a nuestro alcance; aprendamos a tomar la medicina de
Dios diariamente.

LA MEDICINA DE DIOS

Para vencer la preocupación y el temor
confiese estos medicamentos tres veces al día:

Soy del cuerpo de Cristo Jesús y Satanás no tiene poder sobre mí, porque yo venzo el mal con el bien.

(1 CORINTIOS 12:27; ROMANOS 12:21)

• • • • • • • • • • • • • • • •

Soy de Dios y he vencido a Satanás, porque mayor es el que está en mí que el que está en el mundo.

(1 JUAN 4:4)

• • • • • • • • • • • • • • • •

No temeré ningún mal, porque tú estás conmigo, Señor, tu palabra y tu Espíritu me confortan.

(SALMO 23:4)

• • • • • • • • • • • • • • • •

Estoy lejos de la opresión, y el temor no se acercara a mí.

(ISAIAS 54:14)

• • • • • • • • • • • • • • • •

Ningún arma forjada contra mí prosperará, porque mi justicia es del Señor; pero todo lo que haga prosperara, porque soy como árbol plantado junto a corrientes de aguas.

(ISAÍAS 54:17; SALMO 1:3)

• • • • • • • • • • • • • • • •

Estoy libre de los males de este siglo presente, porque es la voluntad de Dios que sea libre de ellos.

(GÁLATAS 1:4)

No me sobrevendrá mal ni plaga tocará mi morada, pues has mandado tus ángeles sobre mí, y ellos me guardan en todos mis caminos; en mis caminos hay vida y no muerte.

(SALMO 91:10-11; PROVERBIOS 12:28)

• • • • • • • • • • • • • • • •

Soy un hacedor de la Palabra de Dios y bendito en mis obras. Soy feliz con lo que hago, por ser un hacedor de la Palabra de Dios.

(SANTIAGO 1:22)

• • • • • • • • • • • • • • • •

Tomo el escudo de la fe y apago los dardos de fuego que el maligno me lanza.

(EFESIOS 6:16)

• • • • • • • • • • • • • • • •

Cristo me ha redimido de la maldición de la fe. Por tanto, prohibo que cualquier malestar o enfermedad vengan a este cuerpo. Todo germen de enfermedad y todo virus que toque este cuerpo muere instantáneamente en el nombre de Jesús. Cada órgano, cada tejido de este cuerpo funciona en la perfección para la cual Dios lo creó, y prohibo cualquier disfuncion en este cuerpo, en el nombre de Jesús.

(GÁLATAS 3:13; ROMANOS 8:11; GÉNESIS 1:30; MATEO 16:19)

• • • • • • • • • • • • • • • •

Soy un vencedor y venzo por la sangre del Cordero y por la palabra de mi testimonio.

(APOCALIPSIS 12:11)

• • • • • • • • • • • • • • • •

El diablo huye de mí, porque lo resisto en el nombre de Jesús.

(SANTIAGO 4:7)

La Palabra de Dios permanece para siempre en los cielos. Por tanto, establezco su Palabra en esta Tierra.

(SALMO 119:89)

•••••••••••••••

Es grande la paz de mis hijos, porque son enseñados por el Señor.

(ISAIAS 54:13)

Para necesidades materiales confiese estos medicamentos tres veces al día:

Cristo me ha redimido de la maldición de la ley. Cristo me ha redimido de la pobreza, Cristo me ha redimido de la enfermedad, Cristo me ha redimido de la muerte espiritual.

(GALATAS 3:13; DEUTERONOMIO 28)

•••••••••••••••

En vez de pobreza, Dios me ha dado riqueza. En vez de enfermedad, me ha dado salud. En vez de muerte, vida eterna.

(2 CORINTIOS 8:9; JUAN 10:10; JUAN 5:24)

•••••••••••••••

Esta palabra me da vida, según la Palabra de Dios.

(SALMO 119:25)

•••••••••••••••

Me deleito en el Señor, y Él me concede las peticiones de mi corazón.

(SALMO 37:4)

•••••••••••••••

He dado, y me es dada medida buena, apretada, remecida y rebosante en mi regazo.

(LUCAS 6:38)

Con la medida con que mido, soy medido. Sembré abundantemente, por lo tanto, siego abundantemente. Doy con alegría, y mi Dios me ha dado abundancia de toda gracia, para que teniendo suficiente de todas las cosas, abunde para toda buena obra.

(2 CORINTIOS 9:6-8)

• • • • • • • • • • • • • • •

Nada me falta, porque Dios suple todas mis necesidades de acuerdo con sus riquezas en gloria en Cristo Jesús.

(FILIPENSES 4:19)

• • • • • • • • • • • • • • •

El Señor es mi pastor y nada me falta, porque Jesús fue hecho pobre, para que por medio de su pobreza yo fuese enriquecido. Porque Él vino para que yo tuviera vida; y la tuviera en abundancia.

(SALMO 23:1; 2 CORINTIOS 8:9; JUAN 10:10)

• • • • • • • • • • • • • • •

Y yo, habiendo recibido el don de la justicia, reino como rey en la vida, por Jesucristo.

(ROMANOS 5:17)

• • • • • • • • • • • • • • •

El Señor se goza en la prosperidad de sus siervos, y las bendiciones de Abraham son mías.

(SALMO 35:27; GALATAS 3:14)

Para obtener sabiduría y dirección confiese estos medicamentos tres veces al día:

El Espíritu de verdad habita en mí, me enseña todas las cosas, y me guía a toda verdad. Por lo tanto, yo confieso que tengo perfecto entendimiento de cada situación y circunstancia que enfrento, porque tengo la sabiduría de Dios.

(JUAN 16:13; SANTIAGO 1:5)

Yo confío en Jehová de todo mi corazón, y no me apoyo en mi propia prudencia.

(PROVERBIOS 3:5)

• • • • • • • • • • • • • • • •

Reconozco a Dios en todos mis caminos, y Él endereza mis veredas.

(PROVERBIOS 3:6)

• • • • • • • • • • • • • • • •

La Palabra de Dios es lámpara a mis pies, y lumbrera en mi camino.

(SALMO 119:105)

• • • • • • • • • • • • • • • •

Jehová hace perfecto todo lo que me concierne.

(SALMO 138:8)

• • • • • • • • • • • • • • • •

Hago que la palabra de Cristo more en mí abundantemente, en toda sabiduría.

(COLOSENSES 3:16)

• • • • • • • • • • • • • • • •

Sigo al buen pastor y conozco su voz. La voz del extraño no seguiré.

(JUAN 10:4-5)

• • • • • • • • • • • • • • • •

Jesús es para mí, sabiduría, justicia, santificación y redención. Por lo tanto, confieso que tengo la sabiduría de Dios, y que soy justicia de Dios en Cristo Jesús.

(1 CORINTIOS 1:30; 2 CORINTIOS 5:21)

• • • • • • • • • • • • • • • •

Estoy lleno del conocimiento de la voluntad del Señor en toda sabiduría y entendimiento espiritual.

(COLOSENSES 1:9)

Soy nueva criatura en Cristo, soy obra suya creada en Cristo Jesús. Por eso tengo la mente de Cristo, y me ha sido dada la sabiduría de Dios.

(2 CORINTIOS 5:17; EFESIOS 2:10; 1 CORINTIOS 2:16)

• • • • • • • • • • • • • • • •

Me he quitado el viejo hombre y me he vestido del nuevo, el cual está renovado en el entendimiento conforme a la imagen de aquel que me creó.

(COLOSENSES 3:10)

• • • • • • • • • • • • • • • •

Recibo el espíritu de sabiduría y de revelación en el entendimiento de Dios. Iluminados los ojos de mi entendimiento, no me conformo a este mundo, sino soy transformado mediante la renovación de mi mente. Mi mente está renovada por la Palabra de Dios.

(EFESIOS 1:17-18; ROMANOS 12:2)

Para alivio y fortaleza confiese estos
medicamentos tantas veces como sea necesario:

Estoy creciendo en el conocimiento de Dios. Estoy fortalecido con todo poder conforme a la potencia de su gloria.

(COLOSENSES 1:10-11)

• • • • • • • • • • • • • • • •

He sido librado de la potestad de las tinieblas, y trasladado al reino de su amado Hijo.

(COLOSENSES 1:13)

• • • • • • • • • • • • • • • •

Soy nacido de Dios, y tengo dentro de mí la fe que vence al mundo, porque mayor es el que está en mí, que el que está en el mundo.

(JUAN 5:4-5; 1 JUAN 4:4)

Haré todas las cosas por medio de Cristo, quien me fortalece.

(FILIPENSES 4:13)

• • • • • • • • • • • • • •

El gozo del Señor es mi fortaleza. El Señor es la fortaleza de mi vida.

(NEHEMIAS 8:10; SALMO 27:1)

• • • • • • • • • • • • • •

La paz de Dios que sobrepasa todo entendimiento guarda mi corazón y mi mente en Cristo Jesús; pienso en todo lo que es bueno y puro, perfecto, amable y de buen nombre.

(FILIPENSES 4:7-8)

• • • • • • • • • • • • • •

Hablo la verdad de la Palabra de Dios, en amor, y crezco en todo en el Señor Jesucristo.

(EFESIOS 4:15)

• • • • • • • • • • • • • •

No permito que de mi boca proceda palabra corrompida, sino la edificante, para ministrar gracia al oyente. No contristo al Espíritu Santo, con el cual estoy sellado para el día de la redención.

(EFESIOS 4:29-30)

• • • • • • • • • • • • • •

Nadie me arrebatará de su mano, porque tengo vida eterna.

(JUAN 10:29)

• • • • • • • • • • • • • •

Dejo que la paz de Dios gobierne mi corazón, y rehuso tener preocupaciones.

(COLOSENSES 3:15)

No dejaré que la Palabra de Dios se aparte de mis ojos, porque es vida para mí porque la he encontrado, y sanidad y medicina para mi carne.

(PROVERBIOS 4:21-22)

• • • • • • • • • • • • • • • •

Dios está conmigo. Ahora él está en mí. ¿Quién puede estar contra mí? Él me ha dado todas las cosas que pertenecen a la vida y a la piedad, por lo tanto, soy participante de su naturaleza divina.

(2 CORINTIOS 6:16; JUAN 10:10; 2 PEDRO 1:3-4; ROMANOS 8:31)

• • • • • • • • • • • • • • • •

Soy creyente, estas señales me siguen: en el nombre de Jesús echo fuera demonios, hablo nuevas lenguas, impongo mis manos sobre los enfermos y ellos sanan.

(MARCOS 16:17-18)

• • • • • • • • • • • • • • • •

Jesús me dio autoridad para invocar su nombre, y lo que ato en la Tierra es atado en el cielo, y lo que desato en la Tierra es desatado en el cielo. Por eso en el nombre del Señor Jesucristo, ato los principados, los poderes diabólicos, los gobernadores de las tinieblas de este mundo. Ato y echo fuera la impiedad espiritual en los lugares espirituales, y los rindo inofensivos en el nombre de Jesús.

(MATEO 16:19; MATEO 18:18; EFESIOS 6:12)

• • • • • • • • • • • • • • • •

Estoy completo en Cristo quien es la cabeza de todo principado y poder, porque soy hechura suya, creado en Cristo Jesús para buenas obras, las cuales Dios preparó de antemano para que yo anduviese en ellas.

(COLOSENSES 2:10; EFESIOS 2:10)

Dios creó el universo con los métodos que usted ha puesto a funcionar por las palabras de su boca. Dios puso fe en sus palabras. El hombre, por ser creado a la imagen de Dios, también pone fe en sus palabras, y las palabras son lo más poderoso del universo.

Permítame decir de nuevo que la Palabra de Dios concebida en el espíritu humano, formada por la lengua y hablada por la boca, llega a ser poder creador que obra para usted.

Si el cuerpo de Cristo tan solo comprendiera las verdades y los principios enseñados en este libro, y los pusiera en práctica, cambiaría este mundo en veinticuatro horas.

Jesús me dijo: "Le he dicho a mi pueblo que puede tener lo que diga, pero mi pueblo esta diciendo lo que tiene".

Esperamos que este libro
haya sido de su agrado.
Para información o comentarios,
escríbanos a la dirección
que aparece debajo.

Muchas gracias.

PENIEL

info@peniel.com
www.peniel.com